Paolo Sarti
Giuseppe Sparnacci

Crescere è un'arte
Lo sviluppo del bambino da 0 a 6 anni

Paolo Sarti
Giuseppe Sparnacci

Crescere è un'arte

Lo sviluppo del bambino da 0 a 6 anni

GIUNTI DEMETRA

Editing, redazione e impaginazione:
Paola Agostini, Mariarosa Brizzi

www.giunti.it

Via Bolognese 165 - 50139 Firenze - Italia
Via Dante 4 - 20121 Milano - Italia
Prima edizione: maggio 2012

Ristampa	Anno
6 5 4 3 2 1 0	2016 2015 2014 2013 2012

PEFC™
PEFC/18-31-356

Certificato PEFC
Questo prodotto è realizzato con materia prima da foreste gestite in maniera sostenibile e da fonti controllate
www.pefc.it

Stampato presso Giunti Industrie Grafiche S.p.A.
Stabilimento di Prato, azienda certificata PEFC™

Introduzione

Nei primi sei anni di vita il bambino costruisce in maniera attiva la sua presenza nel mondo: dalla totale dipendenza neonatale acquista sempre maggiori spazi motori, mentali e comportamentali, e sviluppa la capacità di muoversi in un complesso mondo relazionale ed emotivo. Acquisisce competenze comunicative e linguistiche, affina i suoi movimenti, costruisce la sua identità personale e l'identità di genere. Ogni bambino ripercorre in un breve periodo la complessa storia delle conoscenze culturali delle generazioni che l'hanno preceduto e lo fa in maniera individuale, con ritmi e percorsi che si diversificano da individuo a individuo.

Il fascino di questa costruzione del mondo interno ed esterno è proiettato nell'immaginario degli adulti come l'Età dell'oro, il mitico mondo infantile perduto, quello dove "si stava sempre bene". Nella realtà ogni bambino deve affrontare la sfida di diventare un individuo capace di muoversi in mezzo agli altri, comprendendoli e facendosi capire. Lo sviluppo motorio e psichico di un bambino segue modalità fisse nella comparsa dei vari schemi di comportamento (i cosiddetti pattern) e questi si manifestano e si consolidano in un preciso momento del ciclo di sviluppo; la comparsa di ogni schema di comportamento va sempre valutata quindi in rapporto allo stadio di sviluppo maturativo del singolo soggetto, che può variare nel tempo. Nel testo parleremo di fasi dello sviluppo, non di tappe. Parlare di tappe per il raggiungimento delle competenze significa riferirsi a una sequenza di tempi standardizzati; meglio invece definire fasi i vari passaggi, perché nello sviluppo individuale delle competenze tutto avviene con periodi di maturazione che non sono rigidamente prefissati, ma anzi flessibili e variabili nei tempi e negli stili. Parlare di fasi inoltre rende anche meglio l'idea di integrazione e interdipendenza delle varie aree di sviluppo tra di loro. Ognuna delle fasi raccoglie competenze evolutive integrate (sensoriali, motorie, cognitive, emotive, sociali). E parlando di competenze intenderemo le abilità funzionali acquisite dal bambino nelle varie fasi del suo sviluppo.

Ogni bambino crescendo percorre le fasi fondamentali di sviluppo dell'essere umano e lo fa con un percorso individuale e con una modalità tutta personale. Quando indicheremo le età nelle quali il bambino conquista nuove competenze vorremmo fosse chiaro che tali parametri sono sempre molto relativi. Si assiste sempre a una grande variabilità nel raggiungimento delle varie conquiste da parte del singolo bambino. Ciascuno ha un proprio ritmo di sviluppo che si esprime in ampi intervalli di tempi e di modalità: alcuni bambini anticipano, altri posticipano queste fasi dello sviluppo. Statisticamente, ad esempio, il bambino comincia a dire le prime parole intorno ai 12 mesi, ma in realtà tale momento può verificarsi fra i 9 e i 20 mesi. E questo vale anche per tutte le altre conquiste dello sviluppo. L'età indicata perciò non ha mai un valore assoluto. Sappiamo bene che lo scostamento in più o in meno da un'età media non ha assolutamente significato positivo o negativo: bambini diversi hanno sviluppi linguistici, motori, sociali, relazionali ed emotivi diversi. Non esiste un tipico lattante di 3 mesi che sa fare questo e quello. Esiste questo bambino che esprime le sue competenze e i suoi bisogni in questo particolare modo.

Ciò che invece accomuna tutti i bambini è la crescente necessità di autonomia, il sempre maggiore bisogno di esercitare e ampliare le proprie competenze, di trovare – a ogni età – ambienti che valorizzino le loro capacità, accompagnati da una guida adulta serena e ferma nel trasmettere regole comportamentali.

C'è un bambino reale e c'è un bambino pensato dagli adulti e spesso i due non combaciano. Il primo è il risultato del modo di pen-

sare e di esprimersi del bambino, l'altro di quello dell'adulto. Con questo libro vorremmo dare un contributo ponendoci dalla parte del bambino per conoscere meglio quali sono le abilità che possiede a partire dalla vita in utero fino al suo ingresso nella scuola primaria. Vorremmo parlare di come i bambini costruiscono la loro visione del mondo, di quali strumenti cognitivi si servono, di quali sono i loro desideri e le loro percezioni dell'ambiente e delle altre persone, e anche della qualità delle loro emozioni.

Parallelamente parleremo, in maniera a volte esplicita ma più spesso implicita, degli adulti, in quanto sono loro che devono prendersi cura del bambino assicurandogli non solo la sopravvivenza, ma anche la salute, il benessere fisico e relazionale, l'equilibrio emotivo, l'accoglienza, le opportunità adeguate di apprendimento.

Parleremo degli adulti cercando di superare una concezione legata esclusivamente al binomio madre-bambino, che ha sicuramente una fondamentale importanza per assicurare relazioni di fiducia reciproca, ma che spesso rischia di dar luogo a pregiudizi. La rete relazionale con la quale il bambino crea la sua conquista del mondo è sempre allargata ad altre figure familiari (padre, fratelli, nonni), agli adulti che può incontrare (amici di famiglia, educatrici di asilo nido e scuola dell'infanzia), ai coetanei e agli altri bambini più grandi o più piccoli.

D'altra parte sappiamo che anche da parte degli adulti che si occupano del bambino non esistono comportamenti uguali e ripetibili nei confronti di ogni bambino. L'incontro con un figlio, ancora prima di vederlo e toccarlo dopo la nascita, è una relazione particolare fatta di influenze reciproche. Il tipo di legame che si crea è unico, frutto di quel particolare figlio e delle specifiche modalità comportamentali e relazionali che si sono instaurate con lui.

Durante tutto il Novecento si sono susseguiti moltissimi studi sull'infanzia, tanto che potremmo definirlo il "secolo del bambino", per sottolineare il ruolo privilegiato che hanno avuto le discipline psicologiche e mediche in questo campo. L'attenzione di psicologi, pediatri, neuropsichiatri infantili si è rivolta soprattutto alle prime fasi della vita umana, dalla vita in utero ai primi anni dopo la nascita. Accanto a questo interesse scientifico si è mossa anche la macchina dell'industria che, dagli anni Cinquanta, ha cominciato a produrre oggetti specifici per i bambini, in un crescendo che sembra non avere fine: alimenti, giocattoli, abbigliamento, oggettistica per "aiutare" le varie fasi di sviluppo motorio.

I mass media, attraverso la pubblicità al servizio dell'industria, hanno diffuso stereotipi di bambino ideale: sempre bello, sano, gioioso, vestito all'ultima moda e intelligentissimo!

I numerosi studi sul bambino hanno sollecitato anche una massa di divulgatori delle conoscenze scientifiche che troppo spesso si sono improvvisati "precettori di comportamenti". Un eccesso di pedagogia e psicologia da banco, divulgate e sbandierate senza strumenti di lettura e d'interpretazione, ha indotto nei genitori il bisogno/dovere di specializzarsi, di trasformarsi in una sorta di educatori professionali, invece che spontaneamente relazionali e affettivi. Quando le conoscenze scientifiche vengono trasferite tout court ai genitori, agli educatori e agli insegnanti, senza premesse esplicative, c'è sempre il rischio che diventino qualcosa di "appiccicato" senza evolvere in vere competenze. Si creano genitori stereotipati, maldestri applicatori di principi uguali per tutti, non interpretati, non capiti nella sostanza ma solo nell'apparenza. È una psicologia "a etti", che si compra "a fettine" in libreria e ci trasforma tutti in propagatori di comportamenti al vago gusto suadente di psicologia.

In questi ultimi decenni i genitori hanno subito un vero e proprio pressing prescrittivo da parte dei vari esperti – dall'ostetrica al pediatra allo psicologo – che non hanno fatto altro che aumentare le loro insicurezze e nevrotizzare il già complesso accudimento dei figli. Genitori messi in piena ansia da prestazione, genitori facili prede di regole sempre più precise e circostanziate perché sempre più sfiduciati nelle proprie competenze, genitori sempre più soli e diffidenti dei vecchi consigli della parentela circostante. L'uso della propria testa, dell'equilibrio, della ponderazione non appaiono più come doti ma piuttosto come inutili fonti di rischio.

Speriamo di aver evitato nel nostro testo questo pericolo: il suggerire comportamenti, invece che spiegare.

Parte prima

Lo sviluppo biologico

I principi dello sviluppo umano

Si definisce *sviluppo biologico* il processo di crescita e di cambiamento che un essere ha nel corso della vita: l'individuo passa attraverso stadi diversi di maturazione, caratterizzati da differenti fasi di crescita fisica e differenti abilità. Lo sviluppo in senso letterale comincia con la fecondazione, il processo per il quale il gamete maschile (spermatozoo) e il gamete femminile (ovocita) si uniscono formando una cellula zigote. Con successive divisioni cellulari, lo zigote si sviluppa in embrione. La fase dello sviluppo prenatale è un periodo di crescita molto rapida: in particolare l'incremento di statura e di peso è maggiore che in qualsiasi altra età della vita. In questo periodo si completa l'organizzazione di un individuo e il feto progressivamente diviene capace di sopravvivere nell'ambiente esterno.

Dopo circa 9 mesi dalla fecondazione, avviene il parto. Con la nascita inizia la vita extrauterina; lo sviluppo prosegue nei mesi e negli anni passando attraverso varie fasi, le prime caratterizzate da rapida ed evidente crescita fisica e potenziamento delle abilità, poi successivamente rallenta fino a diventare impercettibile. Con il raggiungimento dell'età adulta si completa la fase evolutiva dello sviluppo; avviandosi verso la vecchiaia divengono predominanti gli aspetti involutivi, con progressiva perdita di abilità.

Vi sono alcuni principi generali che regolano lo sviluppo biologico. Lo sviluppo è un *processo continuo*, dal concepimento all'età adulta, senza interruzione, anche se con velocità diverse a seconda delle varie età. Accrescimento del corpo e maturazione psichica (cioè competenze cognitive, sociali, relazionali ed emotive) sono indissolubili e sempre *strettamente interdipendenti*. È solo per facilitarne la descrizione che si usa parlarne separatamente, col rischio però di farli credere indipendenti l'uno dall'altro. Questo comporta che alterazioni e influssi negativi sulla componente fisica della crescita gravino sempre contemporaneamente anche su quella psichica, e viceversa.

STADI DELLO SVILUPPO UMANO

Prima della nascita

- Fecondazione.
- Zigote.
- Embrione, dalla 3ª all'8ª settimana di gravidanza.
- Feto, dalla 9ª settimana al termine della gestazione.

Dopo il parto

- Neonato, dalla nascita al 28° giorno di vita.
- Bambino, dal 1° mese fino all'inizio della pubertà:
  - prima infanzia, fino a 2 anni;
  - seconda infanzia, da 2 a 6 anni;
  - terza infanzia, da 6 a 10 anni.
- Adolescente, da 10 anni al completamento dello sviluppo sessuale (periodo della pubertà), in genere fino ai 18-20 anni.
- Giovane, sino al completamento dello sviluppo fisico, circa 22-24 anni per le femmine, 26-28 anni per i maschi.
- Adulto, dalla giovinezza sino all'età socialmente stabilita per l'entrata in pensione.
- Anziano, secondo criteri per lo più soggettivi e mutevoli a seconda dell'organizzazione sociale, dai 60-70 anni in poi.

Lo sviluppo avviene in *direzione cefalo-caudale*: il controllo del capo e dell'asse corporeo precede quello degli arti, cioè prima si sviluppano le parti alte del corpo e poi, via via, scendendo le altre. Lo sviluppo dei movimenti delle parti più vicine al tronco precede quello delle parti più distanti: ad esempio, per quanto riguarda l'aspetto motorio dello sviluppo, il bambino prima acquista il controllo della testa, del tronco, quindi progredisce nell'uso delle mani, infine impara l'uso degli arti inferiori. L'ordine con il quale si svolgono le varie fasi dello sviluppo è *uguale in tutti gli individui*; varia invece da individuo a individuo l'età alla quale le singole fasi vengono raggiunte e anche l'intervallo fra una fase e l'altra (ad esempio è impossibile imparare prima a stare in piedi e poi seduti; si può però stare seduti a età diverse ed essere ugualmente normali).

La crescita segue un modello di sviluppo fondato sul principio generale che il bambino non è un adulto in miniatura, ma un essere che a ogni fase acquisisce *proprie caratteristiche* somatiche, fisiologiche e psicologiche, correlate con l'età e il sesso (ad esempio il rapporto fra le sostanze chimiche presenti nei tessuti varia a seconda dell'età; nelle varie epoche della vita poi si osservano differenze a seconda del sesso). L'accrescimento di un organismo quindi non significa soltanto un aumento delle sue dimensioni, cioè della sua massa, ma anche una differenziazione e un perfezionamento delle funzioni di vari organi e apparati.

Il modello di sviluppo è in relazione *all'ereditarietà, all'epoca e al luogo in cui una popolazione vive*, può essere cioè diverso nelle varie parti dei mondo (differenze legate sia a fattori genetici che ambientali). Ne sono un esempio le variazioni secolari della crescita, osservate in ogni parte del mondo. È stato cioè notato che i bambini maturano sempre più velocemente col trascorrere delle generazioni; in quest'ultimo secolo si è verificato un costante progressivo anticipo di maturazione, al quale però è corrisposto anche un anticipo della fine della crescita. Il bambino di oggi quindi anticipa il suo sviluppo rispetto a quello di decenni fa ma, nel contempo, cessa di crescere prima che in passato. Prendendo come esempio l'altezza, si vede che l'adulto di oggi è in media più alto poco più di 5-6 centimetri degli adulti di un secolo fa. Mentre i bambini, confrontati a parità di età, risultano molto più avanzati nella crescita in altezza, con differenze di altezza a parità di età ben più evidenti di quelli finali dell'adulto. Le cause di queste variazioni nel tempo, soprattutto della velocità di maturazione ma anche del risultato finale, sono certamente molteplici, ma ancora non ben chiare. In parte influiscono il miglioramento della nutrizione e delle condizioni igieniche, sanitarie e socioeconomiche. In altri termini l'organismo, meglio nutrito e accudito, viene messo in grado di raggiungere il target finale previsto in altezza dalla sua genetica, cosa che difficilmente può accadere in condizioni di deprivazione. Altra causa può essere la maggior frequenza di unioni tra persone provenienti da più parti del mondo, creando così una maggior varietà di geni nel patrimonio individuale dell'informazione cromosomica.

Il processo di maturazione è *anticipato nel sesso femminile*. La bambina è cioè in media più avanzata del bambino, a qualsiasi età, rispetto ai principali indicatori di maturità (quali ad esempio la maturazione scheletrica e l'inizio dell'adolescenza).

L'accrescimento segue un suo modello generale al quale si adeguano sia il corpo considerato nel suo insieme, sia alcuni apparati e segmenti (apparato respiratorio, digerente, muscolare, peso, altezza). Il modello è quello di una *curva con andatura irregolare* (sinusoidale), con un rapido accrescimento nei primi anni, quindi con una crescita più lenta fino all'inizio dell'adolescenza e, infine, con un nuovo rapido accrescimento durante l'adolescenza. Alcuni apparati e parti del corpo però non seguono questo modello: ad esempio l'apparato riproduttivo ha una crescita molto lenta fino all'adolescenza, momento in cui diviene rapidissima. Il cervello segue una curva opposta: la maturazione è rapidissima nei primi anni di vita, poi si fa lenta fino ad annullarsi verso l'adolescenza.

L'accrescimento e i fattori che lo influenzano

Con il termine generale di accrescimento s'intende parlare di processi che riguardano non solo la crescita staturale, ma anche quella ponderale e la maturazione scheletrica dell'individuo nell'arco della sua età evolutiva (dallo stadio di zigote alla conclusione della pubertà). Alla base dei fenomeni di crescita vi sono tre meccanismi fondamentali: l'*iperplasia*, cioè l'aumento del numero di cellule, l'*ipertrofia*, o aumento delle dimensioni cellulari, e l'*osteogenesi*, che si traduce nella maturazione scheletrica.

L'accrescimento corporeo consiste nell'aumento delle dimensioni dell'organismo e nella contemporanea acquisizione di capacità precedentemente non possedute, fino al raggiungimento della statura definitiva e della maturità completa.

Le modificazioni attraverso cui tale complesso processo si attua seguono una sequenza fisiologica ben determinata, frutto dell'interazione tra il patrimonio genetico individuale e l'ambiente. Perché l'accrescimento proceda e si realizzi al meglio occorre che il patrimonio genetico non presenti alterazioni e che i fattori ambientali siano favorevoli alla sua completa *espressione*. L'organismo realizza il proprio accrescimento attraverso l'attuazione di un programma genetico stabilito, insito in esso e che si esprime in buona parte per mezzo di meccanismi endocrini, ossia di sostanze ormonali che fungono da esecutori del programma genetico individuale. Se non intervengono impedimenti, gli ormoni, anno dopo anno, consentiranno l'espletamento del pieno potenziale genetico.

L'accrescimento risente dell'influenza di fattori ambientali, quali la nutrizione, il clima, l'affettività, elementi tutti che si dimostrano in grado di modificare notevolmente il programma di crescita geneticamente prestabilito, tanto da risultare frequentemente determinanti.

Classicamente i fattori implicati nella crescita possono essere distinti in *intrinseci* ed *estrinseci*. Sono considerati intrinseci tutti i fattori interni all'organismo, ossia quelli genetici e quelli ormonali, mentre sono estrinseci quelli esterni all'organismo, in grado però di agire su di esso, come ad esempio i fattori ambientali e culturali.

FATTORI DI CRESCITA	
Intrinseci - Endogeni (ereditari e ormonali)	**Estrinseci - Esogeni (ambientali e culturali)**
Componente ereditaria Fattori razziali, etnici Ambiente endouterino Sesso Meccanismi endocrini	Variabilità stagionale Altitudine Attività sportiva Alimentazione Fattori socioeconomici Ambiente psicosociale Malattie e farmaci

La componente ereditaria

L'influenza esercitata dai fattori ereditari risulta ben evidente nella notevole analogia esistente tra genitori e figli, o tra fratelli, particolarmente tra gemelli (soprattutto se monozigoti). Oltre ai caratteri somatici, risultano influenzate dai fattori ereditari anche le modalità e la cronologia attraverso cui si realizza la crescita in peso e altezza e lo sviluppo puberale.

L'azione della componente ereditaria sulla crescita si coglie con evidenza soprattutto nei paesi cosiddetti sviluppati, per la progressiva attenuazione di quei fattori estrinseci a effetto negativo sulla crescita, determinata dal progresso e dal benessere sociale: tanto più l'ambiente è favorevole tanto più le potenzialità individuali possono attuarsi, secondo quanto previsto dal proprio programma genetico. La statura dei genitori ad esempio, in assenza di fattori circostanti sfavorevoli, diventa predominante nel determinare la statura dei figli, portatori di un patrimonio genetico derivante per metà dal padre e per metà dalla madre.

Fattori razziali ed etnici

Sia la razza che il ceppo etnico hanno un ruolo nell'influenzare la crescita del singolo soggetto. Probabilmente però, più che un fattore etnico come tale, esiste una *risultanza* di forze genetiche e ambientali in un gruppo umano strettamente legato e definito. Il fatto, ad esempio, che il trasferimento in regioni diverse dall'originaria riduca, nelle generazioni successive, le differenze esistenti tra le razze dimostra che gli influssi ambientali e socioeconomici assumono importanza preminente nel determinare tali differenze.

L'ambiente uterino

Durante la vita fetale, la crescita, oltre che da fattori genetici, è influenzata da fattori legati alle condizioni materne: dal livello di ossigenazione e nutrizione del feto, all'età gestazionale, alla presenza o meno di fattori patologici quali insufficienza placentare, alterazioni endocrine, infezioni, fattori lesivi meccanici, chimici, fisici o tossici.

Con un esempio preso dal mondo animale possiamo mettere bene in luce l'influenza che l'ambiente endouterino può esercitare sulla crescita: si è visto che incrociando una piccola pony Shetland con un grande Shire nasce un puledro piccolo, a "misura d'utero" della pony; al contrario, dall'incrocio tra un piccolo pony Shetland e una grande Shire nasce un puledro grosso, ugualmente a misura dell'ambiente uterino. Dopo la nascita, il piccolo e il grande puledro raggiungeranno una dimensione definitiva simile, corrispondente a quella media dei genitori, realizzando così il loro programma genetico. Ugualmente, il bambino geneticamente alto (per alta statura familiare) presenterà dopo la nascita una crescita staturale rapida.

Anche il sesso influenza la crescita endouterina, che è infatti lievemente maggiore nei maschi.

Il sesso

Il sesso influenza la crescita staturale, soprattutto attraverso la funzione gonadica, determinando l'epoca di sviluppo puberale e quindi la durata dell'età evolutiva. La differenza di statura fra i due sessi deriva fondamentalmente da due diversi elementi: i maschi crescono, prima della pubertà, per un periodo di 2 anni più lungo rispetto alle femmine, per cui presentano lo *scatto puberale* (cioè un significativo picco di crescita) partendo da una statura di circa 10 cm maggiore; anche l'entità dello scatto è più consistente nei maschi, per cui questi guadagnano 5 cm ulteriori. Le femmine, però, dato che in esse lo scatto si svolge più lentamente, crescono ancora circa 2,4 cm nel periodo che segue il picco massimo della velocità di crescita.

I fattori ormonali

I fattori ormonali possono essere considerati i veri e propri *esecutori* del programma genetico; i principali sono i seguenti.

- L'*ormone dell'accrescimento* (*Growth hormone*, GH), prodotto dall'ipofisi, che agisce a livello delle cartilagini di accrescimento delle ossa lunghe. È il principale responsabile dell'accrescimento somatico ed è pertanto in grado di influenzare notevolmente la statura finale. La sua secrezione è pulsatile, con picchi più ampi e frequenti durante il sonno profondo.
- Gli *ormoni tiroidei*, indispensabili per la crescita non solo fisica, ma anche intellettuale (vedi il grave deficit intellettivo dell'ipotiroideo congenito non curato precocemente).
- Gli *ormoni sessuali* (estrogeni e androgeni), la cui azione primaria è quella di portare a maturazione le strutture sessuali, ma che influiscono anche sulla crescita staturale.

Durante la vita fetale il controllo endocrino della crescita è influenzato dalla *somatomedina* C (SMC) e dall'*insulina*. Nell'ultimo periodo della vita fetale diviene prevalente il controllo esercitato dalla SMC, che rappresenta il principale responsabile della crescita fino ai 2 anni di vita. Dopo questa età, la crescita dipende dal GH. Gli ormoni tiroidei e la SMC stimolano sia la crescita sia la maturazione dei nuclei di ossificazione delle ossa lunghe, grazie al loro effetto sulle cartilagini di coniugazione; gli steroidi sessuali e i glucocorticoidi a dosi elevate hanno un effetto negativo sulla crescita e sulla maturazione ossea.

La variabilità stagionale

Esiste una variabilità stagionale della crescita: la crescita staturale può accelerare (fino a 3 volte) dalla primavera all'estate e poi ridursi in autunno e in inverno. Comunque tali differenze appaiono statisticamente importanti solo nel 30% dei bambini: in molti altri la velocità di crescita varia in modo casuale durante l'anno. I meccanismi che regolano tale fenomeno non sono chiari. Si ipotizza che le variazioni dell'intensità della luce, attraverso le stimolazioni della retina, possano influenzare i neurotrasmettitori implicati nel processo di crescita (è interessante notare che le variazioni stagionali della crescita nei bambini ciechi non sono sincronizzate con le stagioni). Anche i fattori nutrizionali potrebbero indurre variazioni stagionali della velocità di crescita: in alcune aree la qualità dell'alimentazione può variare notevolmente durante la stagione secca in confronto a quella delle piogge.

L'alimentazione

Una corretta alimentazione è presupposto essenziale per un normale accrescimento. Uno stato di malnutrizione influisce in maniera considerevole sulla crescita, come bene evidenziano le condizioni conseguenti a grave malnutrizione frequenti nei paesi in via di sviluppo. L'ipernutrizione protratta ha un effetto positivo sulla crescita e sulla maturazione dei nuclei di ossificazione, al contrario della malnutrizione e del malassorbimento che si accompagnano a un rallentamento della crescita e della maturazione ossea.

Fondamentale per un organismo in crescita è l'apporto proteico, inteso soprattutto come apporto di aminoacidi essenziali, necessari per la sintesi delle proteine. È sufficiente la carenza anche di un solo aminoacido essenziale per impedire la funzione plastica di una proteina: sono queste le carenze più gravi, che risultano tanto più dannose quanto più sono precoci. Nel caso di carenze gravi, un apporto compensatorio proteico può consentire un recupero che sarà però solo parziale se iniziato tardivamente.

I fattori psicosociali

L'ambiente psicosociale comprende diversi aspetti, sia culturali sia psicologici: in particolare è il *rapporto affettivo*, specialmente nei primi anni di vita, a risultare determinante.

Costituisce un classico esempio la storia di due gemelli monozigoti, separati alla nascita e ritrovatisi a vivere, il primo in un ambiente familiare medio, normale, il secondo in un ambiente particolarmente ostile, con scarsi stimoli affettivi: la statura definitiva dei due soggetti differiva di oltre 8 cm a vantaggio del primo.

Una normale vita di relazione e normali rapporti affettivi sono indispensabili per una crescita regolare. Il *nanismo psicosociale* o bassa statura da carenza affettiva, come ad esempio si verifica nel caso di lunghi ricoveri in istituti di assistenza, è un esempio di quali danni può indurre sulla crescita la carenza affettiva. Non appena il bambino viene integrato in un ambiente affettivamente ricco si verifica spesso una netta ripresa della crescita. Il meccanismo attraverso cui si determina questo fenomeno risulta a tutt'oggi poco chiaro, anche se probabilmente si realizza attraverso un'alterazione della secrezione dell'ormone della crescita.

I fattori socioeconomici

Altri aspetti che sembrano condizionare la crescita sono i fattori di natura socioeconomica, quali il livello sociale, il numero di conviventi nel nucleo familiare, la professione e il livello culturale dei genitori. Queste differenze nella crescita tra le diverse classi sociali sono presenti non solo nei paesi a economia svantaggiata, ma anche in quelli industrializzati, sebbene in misura minore rispetto al passato. In teoria se nei prossimi anni si arrivasse a una riduzione significativa delle differenze fra le classi sociali, si assisterebbe a un livellamento dell'accrescimento, perché il potenziale genetico della specie umana potrebbe avere espressione completa.

Strettamente connesso ai fattori socioeconomici è il fenomeno del cosiddetto *trend secolare* o accelerazione dell'accrescimento. Esso risulta fondamentalmente legato al miglioramento delle condizioni socioeconomiche accompagnato a un miglioramento generalizzato di tutti i fattori ambientali. In situazioni favorevoli il trend risulta positivo, per cui i bambini crescono maggiormente e si sviluppano più precocemente; al contrario in periodi bellici e di difficoltà sociali il trend rallenta e può addirittura divenire negativo. In generale il trend viene considerato come un indice del buono stato di salute della popolazione.

Esistono tuttavia anche interpretazioni più pessimistiche di questo fenomeno: alcuni studiosi mettono in rapporto l'accelerazione dell'accrescimento con un'eccessiva stimolazione del sistema nervoso da parte di uno sfrenato modus vivendi o con una nutrizione inadeguata, con eccesso di zuccheri e proteine.

L'attività sportiva

Si ritiene comunemente che lo sport stimoli la crescita, anche se in effetti non esistono dati precisi che lo confermino. Alcuni studi sembrano dimostrare che lo sport causi un'anticipazione dello sviluppo puberale e un'accelerazione della maturazione scheletrica; altri al contrario evidenziano un ritardo del menarca (cioè dell'epoca di comparsa della prima mestruazione) soprattutto in ragazze che effettuano sport di resistenza. È probabile che una buona parte delle differenze esistenti tra i soggetti che praticano sport e quelli che non lo praticano dipenda non dal fatto che lo sport può modificare le caratteristiche di crescita, bensì dal fatto che spesso è lo sport stesso, o almeno la maggior parte di essi, a selezionare i ragazzi con determinate caratteristiche. Alcune differenze di crescita cioè possono essere già presenti prima di iniziare l'attività sportiva: generalmente i soggetti che si dedicano ad attività sportive hanno già un buon grado di sviluppo e sono quindi maggiormente dotati fisicamente già prima.

L'altitudine

L'altitudine alla quale si vive sembra giocare un ruolo importante nel processo della crescita. Studi condotti su popolazioni peruviane e russe hanno mostrato una velocità di crescita ridotta nei ragazzi che vivono ad alta quota (in rapporto probabilmente all'ipossia, cioè ai ridotti livelli di ossigeno presenti nell'aria) in confronto ad altri della stessa età e appartenenti agli stessi gruppi etnici che vivono a livello del mare. Alle alte quote anche il peso e la lunghezza possono essere inferiori alla norma fin dalla nascita, e la pubertà compare più tardivamente.

Le malattie e i farmaci

Varie malattie possono agire negativamente sull'accrescimento, soprattutto quelle in forma cronica. Anche alcuni farmaci assunti cronicamente (cortisonici per lunghi periodi ad esempio) possono determinare una riduzione e talvolta un arresto della crescita.

Le misure della crescita

Il controllo della crescita mediante misurazioni antropometriche inizia già nella vita prenatale, valendosi principalmente dell'*ecografia*. Dopo la nascita i parametri fondamentali usati per verificare l'andamento della crescita corporea sono:

- peso;
- altezza;
- circonferenze cranica e toracica (per i primi periodi di vita).

Per la valutazione del peso, dell'altezza, della circonferenza cranica e di quella toracica, così come per molte altre variabili di crescita, esistono degli appositi grafici di riferimento *(percentili)* che riportano la distribuzione dei valori di un determinato parametro nella popolazione normale.

Il variare dei rapporti fra i segmenti corporei

L'accrescimento si attua in modo asimmetrico, nel senso che non tutti i segmenti corporei, gli organi e i tessuti, si sviluppano con lo stesso ritmo e la stessa velocità. Ne deriva che le proporzioni tra le diverse parti del corpo durante la crescita cambiano notevolmente.

RAPPORTO FRA I SEGMENTI CORPOREI				
	Feto	**Neonato**	**Seconda infanzia**	**Adolescenza**
Testa	50%	25%	15%	8%
Tronco	35%	45%	43%	42%
Arti	15%	30%	42%	50%

La statura è la risultante della somma di tre segmenti (testa, tronco e arti) che stanno in un rapporto molto variabile fra di loro a seconda dell'età.

La misurazione delle circonferenze cranica e toracica

La *circonferenza cranica* si rileva con un nastro centimetrato molto flessibile, non estensibile, posizionato posteriormente sulla nuca e anteriormente immediatamente al di sopra delle sopracciglia. La testa del bambino cresce molto rapidamente nel primo anno di vita (circa 12 cm, passando in media da 35 a 47 cm circa), molto più lentamente nel secondo (2 cm), di 1 cm nel terzo anno e di 0,2-0,4 cm ogni anno fino alla pubertà, durante la quale raggiungerà la circonferenza dell'adulto e cioè mediamente 55-56 cm.

La misurazione della circonferenza cranica è particolarmente utile al medico nei primi mesi di vita, durante i quali la pervietà delle fontanelle e l'elasticità delle suture permette al cranio di espandersi: crescite scarse o eccessive possono segnalare la presenza di anomali accrescimenti delle strutture sottostanti o saldature precoci delle ossa craniche.

La misurazione della *circonferenza toracica* è utile soprattutto nel lattante per verificare che, circa verso il 6° mese, essa abbia raggiunto o superato quella cranica, che alla nascita è superiore.

Alla nascita il cranio del bambino non è ancora completamente ossificato: ciò permette alla testa di passare con più facilità attraverso il canale del parto, comprimendosi e adattandosi al passaggio con un leggero accavallamento delle ossa craniche. La non saldatura delle ossa del cranio inoltre è essenziale perché sia consentita la crescita del cervello (che durante il primo anno di vita triplica di volume). Le zone in cui avviene la crescita ossea sono le *suture craniche* (che separano tra loro le diverse ossa del cranio) e le *fontanelle*, punti di giunzione tra le suture. Di queste ultime la più grande è la fontanella anteriore: ha forma di losanga ed è mediamente circa 3 cm di lunghezza e 3 di larghezza. Quest'area molle può sembrare particolarmente fragile e spesso i genitori hanno paura a sfregare o semplicemente a toccare questa zona della testa. In realtà, i tessuti che la costituiscono sono molto resistenti e non c'è alcun rischio di danneggiare il cervello sottostante! Talvolta la fontanella anteriore appare pulsante, conseguenza del passaggio di un grosso vaso venoso che pulsa sotto di essa al ritmo del battito cardiaco.

In caso di necessità, questa fontanella, sufficientemente ampia nei primi mesi di vita, è la porta che rende possibile effettuare un'eventuale ecografia della struttura interna del cervello. A poco a poco le fontanelle si riducono e si chiudono, ossificandosi definitivamente via via che prosegue la crescita. La data della saldatura definitiva varia da un bambino all'altro: l'età media è 15-18 mesi.

La crescita in altezza

Il processo di crescita in altezza non è graduale, continuo e uniforme: esistono periodi della vita in cui è accelerato, tumultuoso e altri in cui è minimo. L'accrescimento in altezza è rapidissimo nel periodo intrauterino e resta piuttosto intenso anche nel primo anno di vita. Il neonato è lungo in media 50 cm se maschio, 49 se femmina. Nei primi sei mesi cresce con un ritmo di 2-2,5 cm ogni mese. Quindi prosegue a 1-1,5 cm al mese. All'anno di vita l'altezza è aumentata di quasi il 50% (in media un bambino di 1 anno è alto 74-75 cm). Nel secondo anno l'accrescimento è di circa 1 cm al mese, tendendo progressivamente a diminuire negli anni successivi, per tornare ad aumentare sensibilmente nell'età puberale. La statura, lo si è detto, aumenta maggiormente in primavera-estate mentre il peso in autunno-inverno. Un'alternanza fra l'aumento del peso e della statura si verifica anche nel corso degli anni: fra i 2 e i 4 anni e dagli 8 anni fino alla pubertà si ha un prevalente ingrossamento, mentre fra i 4 e gli 8 anni e alla pubertà si ha soprattutto un allungamento.

Al termine della pubertà, indicativamente verso i 16-17 anni per le femmine e verso i 18-20 anni per i maschi, la crescita staturale si blocca. La crescita ossea termina prima nelle mani e nei piedi, quindi nelle gambe, nel tronco e nel cingolo scapolare. L'accrescimento si arresta perché le epifisi (le estremità delle ossa lunghe) si collegano alle metafisi (le parti centrali) e le cartilagini di accrescimento cessano di funzionare. Da questo momento in poi non è più possibile aumentare la propria lunghezza ossea. Responsabili di questo blocco sono gli ormoni sessuali che, dopo aver indotto una rapida accelerazione della crescita nel periodo puberale, ne determinano il definitivo arresto.

SI PUÒ PREVEDERE L'ALTEZZA?

Dalla statura dei genitori non si può prevedere esattamente la statura dei figli perché l'ereditarietà della statura è multifattoriale. È però possibile individuare una zona bersaglio (*bersaglio genetico*), cioè un ambito entro il quale presumibilmente cadrà la statura dei figli, attraverso la seguente formula:

statura padre + statura madre
(+ 13 cm se maschio, - 13 se femmina) : 2
= statura target (+/-5)

dove 13 è un numero fisso che indica approssimativamente la differenza tra le stature medie dei maschi e delle femmine adulti.

L'aumento di peso

Anche le variazioni del peso seguono una curva con andamento irregolare, analogo a quella dello sviluppo generale; vi sono cioè fasi di rapido aumento di peso alternate a fasi di incremento meno marcato e a volte minimo. L'aumento progressivo di peso è particolarmente evidente nel periodo intrauterino: si passa da 1 g circa a 6 settimane a un peso che è quattro-cinque volte superiore in solo 10-15 giorni. A 16 settimane il peso è circa 200 g; in altre 16 settimane raggiunge mediamente i 2,5 kg.

Alla nascita, il peso medio di un essere umano varia dai 3,2 ai 3,4 kg (un neonato di sesso maschile pesa in media circa 150-200 g in più rispetto a un neonato di sesso femminile).

Si definisce *neonato di basso peso* quello che presenta un peso corporeo inferiore ai 2,5 kg; *neonato macrosomico* invece è quello che presenta un peso corporeo superiore a 4,5 kg (per alcuni autori è già macrosomico con un peso superiore a 4 kg). Il basso peso può essere determinato da una nascita precoce (il feto non ha avuto sufficiente tempo per completare la crescita) o da una patologia che non ha permesso di raggiungere il peso geneticamente previsto.

L'Organizzazione Mondiale della Sanità (OMS) definisce nascita pretermine quella che avviene prima della 37ª settimana compiuta di gestazione, ovvero prima di 259 giorni dalla data d'inizio dell'ultima mestruazione. Quando un bambino nasce a un'età gestazionale inferiore alle 32 settimane viene definito *gravemente prematuro*. Non tutti i neonati pretermine sono anche di basso peso: ad esempio, un neonato di 36 settimane, quindi prematuro, può pesare 2,6 kg, rientrando così nell'ambito del peso normale. Pertanto, tenendo conto di entrambi i fattori, peso ed età gestazionale, il neonato può essere definito in tre modi:

- AGA (*Adequate for Gestational Age*): adeguato all'età gestazionale;
- SGA (*Small for Gestational Age*): piccolo per l'età gestazionale;
- LGA (*Large for Gestational Age*): grande per l'età gestazionale.

Quasi sempre nei primi giorni di vita il neonato perde peso, in genere dal 5 al 10% (il fenomeno viene definito *calo fisiologico*). Il peso della nascita è nuovamente raggiunto dopo circa 10-15 giorni.

Questa prima fase è seguita da un rapido aumento ponderale che per i primi mesi è di circa 150/200 g a settimana (l'aumento medio giornaliero è di circa 20-30 g nel 1° trimestre; quindi diminuisce, e verso la fine del 1° anno è di 70-100 g alla settimana). Durante il 2° anno di vita l'incremento ponderale medio si riduce ulteriormente a circa 200 g al mese.

Non si deve pensare che il bambino debba aumentare regolarmente tutti i giorni di un certo numero di grammi: al contrario, si alternano fasi di crescita più veloce ad altre di pausa; perfettamente inutile quindi pesarlo con un ritmo troppo frequente: nei primissimi mesi di vita può essere utile una valutazione settimanale dell'incremento di peso (150-200 g circa); in seguito sarà sufficiente rilevare il peso e l'altezza del bambino solo in occasione dei controlli pediatrici programmati alle varie età.

LA BILANCIA: UN'OSSESSIONE GIÀ DA NEONATI!

Ma è proprio vero che la bilancia è lo strumento idoneo per valutare i grammi di latte assunti dal bambino dopo la poppata? Un neonato appena attaccato al seno prende in media 10 g di colostro (a volte un po' di più, ma a volte anche molto meno) e aumenta la quantità di latte che assume di circa 10 g al giorno: nei primi giorni di vita dunque si tratta mediamente di poppate di 20/30 g di latte a volta. Sono dosi valutabili con una bilancia pesa-neonati? Pesando il bambino prima e dopo la poppata (la cosiddetta "doppia pesata") non è possibile individuare una variazione di peso di così pochi grammi, poiché la sensibilità di queste bilance, se elettroniche e perfettamente tarate, oscilla sui +/- 10 g (+/- 20 g, se meccaniche).
Quando la vecchia bilancia meccanica presa a noleggio ci dice che il bambino ha preso 30 g di latte in pratica vuol dire (se teniamo conto della sensibilità dello strumento) che ne può aver presi solo 10, ma anche che potrebbero essere stati 50. E se anche avessimo speso (inutilmente!) per averne una elettronica, nuova nuova, il balletto dei numeri ci sarebbe stato comunque: 20 o 40?
Esistono invece criteri oggettivi che possono rassicurare i genitori (e il pediatra) che il bambino sta mangiando adeguatamente. Il più pratico è quello di controllare quanti pannolini bagna al giorno: un neonato con allattamento esclusivo al seno che bagna 5/6 pannolini al giorno (ed emette feci idratate, cremose) fa capire che assume una dose adeguata di liquidi, e quindi conseguentemente di latte. Il latte materno per l'85% è composto di acqua, tutto liquido che finirà nel pannolino a conferma che intanto proteine, grassi e carboidrati sono stati assimilati (naturalmente per rendere il dato certo occorre che questo neonato non assuma altre bevande oltre al latte).

Via dunque la bilancia per valutare quanti grammi di latte assume un bambino a ogni poppata. Ma via anche per valutare quanti grammi cresce al giorno: siamo sempre a cercare di rilevare numeri troppi piccoli per la sensibilità dello strumento usato. Queste bilance ritrovano un senso solo se usate per valutare crescite di almeno 150-200 g: in questo caso, pur sapendo che si ha una precisione di +/- 20 g, si ottiene comunque un valore significativo. Queste crescite i neonati le fanno in almeno 7-10 giorni. Quando il bambino è ancora in nursery la sola utilità che ha la bilancia è quella di consentire al pediatra di individuare cali eccessivi di peso: normalmente il bambino nei primi giorni non cresce, anzi spesso perde peso, ma quando cala oltre il 10% del suo peso di nascita (valori superiori ai 200 g, che rientrano nella sensibilità dello strumento) occorre fare delle verifiche.

Le curve di crescita: i percentili

Per stabilire quali sono gli ampi margini della normalità e i confini con i valori a rischio sono stati messi a punto alcuni sistemi di valutazione dell'accrescimento somatico del bambino. Uno di questi sistemi, che presenta notevoli vantaggi sia per la sua semplicità sia perché rende possibile, usando particolari grafici, valutare a distanza di tempo se la crescita prosegua in modo regolare, è quello dei *percentili*.

Per percentile si intende il valore dell'altezza (o del peso o della circonferenza cranica ecc.) valutato su 100 bambini normali, di una data età e sesso, e riportato su un grafico in cui il valore 50% corrisponde al valore medio. Questo valore medio indica che su 100 bambini misurati, in 50 è stato riscontrato un valore più basso e in 50 un valore più alto. Se un bambino ha un'altezza che si colloca al 75° percentile significa che, su 100 bambini dello stesso sesso ed età, 75 sono più bassi e 25 sono più alti di lui.

Unendo tutti questi valori rilevati alle varie età si costruiscono le curve dei percentili. Si considera normale ogni valore compreso tra la linea del 10° e quella del 90° percentile.

È importante ribadire che essere normali non significa avere un'altezza che si situa sul 50° percentile, cioè esattamente nella media, ma che esiste un'ampia fascia di variabili tutte riconducibili a normalità e che ognuno si accresce su una propria curva, determinata anche del proprio peso alla nascita.

Un posizionamento su curve più basse del 10° percentile, o più alte del 90°, non significa necessariamente che ci si trovi in presenza di una patologia: è piuttosto una situazione al limite, da controllare e seguire con particolare attenzione, a volte approfondendo con specifici accertamenti clinici e di laboratorio.

La dentizione

Come negli altri mammiferi, anche nell'essere umano vi sono due dentizioni:

- la *dentizione decidua* ("denti di latte"), composta da 20 denti (8 incisivi, 4 canini, 8 "molaretti"); sono denti più piccoli dei permanenti, con punte che si consumano prima perché meno mineralizzati, a superficie liscia e di un bianco più opaco, lattescente appunto; questi denti sono destinati a cadere per essere sostituiti dai permanenti;
- la *dentizione permanente* composta da 32 denti (8 incisivi, 4 canini, 8 premolari, 12 molari), di colore bianco-ambrato, alcuni particolarmente appuntiti, con cuspidi resistenti.

Nei tempi di eruzione dei denti esiste una notevole variabilità individuale. Generalmente, il primo dente spunta a 5-6 mesi ma è altrettanto normale che compaia a 3-4 mesi o anche ben più tardi, a 12-14 mesi. Non esiste correlazione tra l'evoluzione generale del bambino, sia fisica sia motoria e intellettuale, e la comparsa più o meno tardiva dei denti (fatta eccezione per alcune rare patologie congenite). In genere, i denti spuntano in modo simmetrico, ma l'intervallo tra la comparsa dei due denti simmetrici può essere molto ampio, anche 5-6 mesi. I primi a spuntare sono nella maggior parte dei casi gli incisivi centrali inferiori (ma può succedere, ed è del tutto insignificante, che i primi a spuntare siano gli incisivi laterali superiori).

Molti bambini già dall'età di 2-3 mesi, presentano un'intensa salivazione e "sbavano": senza che vi sia alcuna relazione tra questa salivazione intensa e l'apparizione del primo dente, in genere, essa è una conseguenza dell'abitudine di popparsi la lingua, con relativa fuoriuscita della saliva che non viene deglutita.

NASCERE CON I DENTI

Un neonato ogni 1000 nasce con i denti: quasi sempre si tratta di uno o di entrambi gli incisivi centrali inferiori.
Spesso è un dente soprannumerario che verrà sostituito dai normali denti decidui all'età regolare (6-8 mesi); più di rado si tratta di un dente deciduo erotto precocemente. I *denti natali* (così si chiamano comunemente) pongono seri problemi per l'allattamento. Proprio per questo il consiglio è quello di procedere alla loro estrazione comunque, anche se si trattasse di un deciduo precoce e non di un soprannumerario: in questo caso il bambino dovrà restare per qualche anno senza il dente.

La dentizione non è dolorosa, tuttavia il bambino può apparire infastidito e disturbato nel sonno o nell'alimentazione. Talvolta, bambini abituati a masticare già piccoli pezzetti o comunque a mangiare pappe di consistenza solida, al momento dell'uscita del nuovo dente possono preferire tornare per qualche giorno a un'alimentazione più liquida. Può succedere che la fuoriuscita dei primi molaretti, verso i 18 mesi, provochi un notevole rigonfiamento della gengiva interessata che si arrossa, coperta a volte da un ematoma che può essere doloroso.

La mucosa della bocca, parzialmente congestionata e lesa per la fuoriuscita dei denti, è in parte meno difesa contro l'aggressione di virus e germi. Questo spiega perché i bambini in corso di dentizione diventino talvolta più recettivi alle infezioni stagionali; d'altra parte queste infezioni sono comunque frequenti nei primi anni di vita, in particolar modo per quei bambini che frequentano il nido (vedi più avanti, "Un sistema complesso"). Esiste quindi la frequente possibilità di coincidenze, da cui è derivata la credenza che sia la dentizione a causare febbre e "malanni vari" (tosse, diarrea ecc.). Verso i 3 anni circa, il bambino ha completato la dentizione di latte e ha 20 denti. La caduta dei denti di latte inizia, in genere, verso i 5 anni: il dente permanente sottostante erode la radice del deciduo e lo scalza fino a farlo cadere.

Per i denti: farmaci o stile di vita?

Per prevenire la carie, si consiglia di somministrare ai bambini compresse al fluoro (fluoro sistemico), regolarmente, a partire dai 6 mesi per i primi 3 anni, tutti i giorni, aumentando progressivamente il dosaggio via via che il bambino cresce. Questo va fatto solo se il bambino beve acque con meno di 0,3 ppm di fluoro (e sono pochi i luoghi dove la concentrazione di fluoro è così bassa). Il vero problema però è come decidere quando serve: difficilmente le ASL forniscono dati in merito al contenuto di fluoro nelle acqua potabili delle varie zone. Ma c'è anche un altro aspetto da considerare, di natura culturale. Sarebbe molto meglio insegnare ai figli a proteggere i denti curando l'igiene orale e alimentandosi correttamente, piuttosto che affidarsi acriticamente e unicamente a supplementi farmacologici in compresse assunti per anni. La fluoro-profilassi in compresse trasmette ai nostri figli un pessimo messaggio: salute è una "medicina", mentre si dovrebbe crescere sapendo che salute è uno stile di vita corretto. Le medicine servono per recuperare la salute persa, non per preservarla.

È comprensibile che i genitori preferiscano delegare la salute dei denti dei loro figli a una compressa, piuttosto che dover lottare giorno dopo giorno perché il bambino impari a lavarsi i denti con regolarità, a "gestire" le caramelle, ad alimentarsi in modo variato ed equilibrato. Educare comporta scontri e discussioni, fatica, impegno personale: meglio una compressa, spersonalizzata ed esente da conflitti. Ma così si alimenta la deresponsabilizzazione e soprattutto si insegna da subito ad assoggettare la propria salute ai farmaci.

I denti non sono un'entità a se stante ma sono un "pezzo" di bambino, che fra i suoi tanti altri pezzi ha anche una testa e un cervello. Nessun pezzo del bambino può essere salvato da solo, disgiunto dagli altri. Insomma, ogni intervento preventivo o di cura su una parte del corpo deve sempre essere valutato per i suoi possibili "effetti collaterali" sulle altre parti, compresi quelli di natura culturale.

Sia per la difficoltà di conoscere la dose di fluoro assunta con l'acqua sia per gli aspetti negativi culturali che comporta l'assumerlo per anni, pensiamo che la soluzione migliore possa essere quella di aiutare a prevenire la carie facendo assumere al bambino fluoro localmente, attraverso il dentifricio (fluoro topico): dai 3 anni in poi (e non prima, per evitare che un uso eccessivo di fluoro possa danneggiare il dente invece di proteggerlo). Naturalmente il genitore deve seguire l'uso che il bambino fa del dentifricio al fluoro: soprattutto insegnargli a usarne piccole dosi, e magari scegliere anche dentifrici insapori per scoraggiare l'ingestione volontaria in dosi eccessive. L'uso topico del fluoro, nel dentifricio, rispetto all'assunzione di compresse dà meno l'idea della cura farmacologica e si configura semplicemente come un rafforzo delle pratiche igieniche.

TUTTA COLPA DEI DENTI

I genitori troppo spesso si occupano dei denti dei loro figli solo quando sembrano porre un problema estetico. Questa certamente è l'epoca del look, dove importante è apparire, dove ciò che sembriamo prevale su ciò che siamo veramente; insomma quel che conta è avere una bella riga di denti ordinati e soprattutto bianchissimi da esporre... non importa poi se dietro tutto questo bel luccichio c'è un uso scorretto di sbiancanti o di correttivi che nulla hanno a che vedere con l'acquisizione di sane regole di vita. La cura dei denti è un intervento di salute, non di estetica. E non solo, la salute dei denti va tutelata da subito, dalla nascita: anche un allattamento ben condotto è un patrimonio di salute per i futuri denti.

Dei denti i genitori si ricordano non solo per l'estetica, ma anche quando "danno noia". E sembra che di noie ne procurino tante, subito, prima ancora di uscire! All'eruzione dei denti di latte da tempo immemorabile si attribuiscono i più svariati fastidi: smania, insonnia, diarree, stitichezza, febbre, pianti acuti e improvvisi, eruzioni cutanee, disappetenza, salivazione abbondante, nervosismo, irritabilità, raffreddori, sederi arrossati... ci manca solo "il mal di vivere"! Ma pur non potendo escludere in assoluto un collegamento fra l'eruzione dei denti e la presenza di alcuni piccoli disagi, questi non possono essere imputati sempre e solo al dente che esce, perché tante altre possono esserne le cause. Prendiamo, ad esempio, la gran salivazione, ritenuta universalmente sintomo della comparsa dei primi denti: in realtà i lattanti il più delle volte sbavano abbondantemente perché si poppano la lingua, quasi un ciuccio interno, alla rovescia, sì che la saliva prodotta viene inevitabilmente spinta fuori invece che deglutita.

D'altra parte per i pediatri la diagnosi "fastidi da dentizione" è un'ancora di salvezza. Non sempre infatti è possibile dare una risposta precisa alle domande dei genitori: che quel bambino, in quei giorni, stia mangiando un po' meno, può certamente dipendere da una patologia in atto ma anche e più spesso da piccoli fatti e complesse relazioni interpersonali che non sono rilevabili con una visita, per quanto accurata. Ma siccome sembra di dover dare sempre una risposta per rimanere professionisti credibili, eccola pronta: "sta mettendo i denti". Probabilmente falso, ma taglia corto con quell'obbligo istituzionale del dottore di avere comunque sempre una risposta per tutto, anche quando risposta non ci sarebbe. Ma in questo modo quasi sempre si fa torto alla verità, e oltretutto si mettono sempre in cattiva luce i denti, poveretti, finendo per farli diventare comunque antipatici. Una sorta di "sbatti il dente in prima pagina"!

Invece i denti sono una cosa preziosa, da curare, da amare, non da temere e stramaledire! E che averli tutti e sani sia un tesoro lo sa bene la saggezza popolare: "Al bambin che non ha denti, freddo fa di tutti i tempi".

Anche l'abitudine che ha il bambino piccolo, appena riesce a controllare un po' meglio le mani, di metterle continuamente in bocca, frugando, smaniando, pigiando e ovviamente... sbavando, fa tirare in ballo i denti: sembra li abbiano proprio inventati per farci soffrire! In realtà non è altro che il normale esplorare che il neonato fa tramite la bocca: tutto a quell'età viene portato alla bocca e con questa ampiamente assaggiato, studiato, conosciuto.

Subito, fin dalla nascita, si conquista e si conosce il mondo tramite la bocca, e con questa ci si rassicura: è con la bocca che si placano la fame, i disagi, la stanchezza ecc. Per un lungo periodo il bambino seguiterà a usare la bocca come strumento privilegiato di conoscenza, relazione e rassicurazione. Gli adulti intorno invece interpretano inesorabilmente questa fame di esplorazione come una grande smania, giustificata dal fatto che sta mettendo i denti. È bene che si sappia, invece, che non si tratta di smania in bocca, ma di una grande smania di "farsi una cultura"! Il bambino sta esplorando, conoscendo, frugando il mondo, non sta soffrendo!

---

da: G. Benedetti, 2011

Parte seconda

Competenze prima e dopo la nascita

Le competenze del bambino prima della nascita

Cosa è una competenza

Esistono varie definizioni riguardanti la parola competenza. Noi utilizziamo il concetto di competenza per indicare ciò che il bambino nelle varie fasi della sua vita (da quelle prenatali a quelle alla nascita e dopo la nascita) dimostra di saper fare in modo efficace, in relazione a un determinato obiettivo, compito o attività. Il risultato dimostrabile e osservabile della competenza è la prestazione o la *performance*, siano queste di tipo motorio, intellettivo, sociale o emotivo. La competenza presuppone periodi di apprendimento e di sviluppo/accrescimento.

Lo sviluppo in utero

Nell'utero il bambino riceve continui e costanti messaggi: dal proprio corpo, da quello materno, dall'esterno. Egli deve riuscire a distinguere quali di questi messaggi sono essenziali per la propria vita e quali no; a quali deve reagire e quali deve ignorare. Per fare questo deve anzitutto *ricordare* quello che gli viene comunicato, altrimenti non potrebbe fare nessuna selezione o discriminazione. Al momento della nascita il bambino è già dotato di sistemi sensoriali raffinati e di capacità di porsi in relazione con gli altri esseri umani molto elevate. Questi fatti portano a dedurre che, necessariamente, fin dalla vita intrauterina ha potuto elaborare dei dati sensoriali e che quindi questo periodo è anche una complessa palestra di tutta una serie di possibilità sia cognitive che emotive.

In un passato recente vi erano due correnti di pensiero che si dividevano le credenze sul feto e sul neonato: una (che puntava sull'importanza degli apprendimenti) assicurava che il bambino alla nascita era una *tabula rasa* e che poteva imparare solamente quello che l'ambiente gli offriva; l'altra (che puntava sull'importanza dell'ereditarietà) offriva l'immagine di un bambino che aveva già tutto in sé e che, progressivamente, lo manifestava all'esterno.

Allo stato attuale delle conoscenze le cose sembrano più articolate e anche più affascinanti. Negli ultimi decenni infatti, grazie a una sempre più ampia mole di ricerche, le nostre conoscenze sul bambino in utero e alla nascita si sono notevolmente allargate.

Molto ancora dobbiamo scoprire, ma quello che sappiamo è già sufficiente a indicarci che i 9 mesi passati dentro l'utero materno sono di importanza primaria per il bambino, non solo per gli aspetti fisici ma anche per quelli cosiddetti psichici: la capacità di selezionare i dati sensoriali, di elaborarli, di memorizzarli, di costituirli in sistemi in relazione tra loro. Tutto questo in funzione del migliore adattamento all'interno dell'utero e in vista della nascita.

Nel periodo di vita in utero si completa l'organizzazione di un individuo capace di sopravvivere nell'ambiente esterno. Lo sviluppo in utero dipende dal patrimonio genetico trasmesso dai genitori in relazione ai fattori dell'ambiente uterino mediato dai rapporti con l'organismo materno (nutrimento, sostanze chimiche, ormonali, salute della madre). È un periodo caratterizzato da una rapidità di incremento delle strutture nervose centrali, della statura e del peso come non si darà più nel corso della vita.

La rielaborazione psichica in utero

Quando comincia la rielaborazione psichica nel bambino in utero? I dati in nostro possesso ci permettono di affermare che nel 6° mese di gravidanza il bambino è un essere che reagisce agli stimoli sensoriali in maniera complessa, ricorda, ha capacità di apprendimento. Alla nascita il bambino seleziona con sicurezza una quantità enorme di stimoli: certamente egli ha già imparato in utero a farlo.

Tra la 28ª e la 32ª settimana di vita intrauterina i circuiti che permettono il collegamento fra le cellule nervose dell'encefalo (circuiti neuronali) raggiungono la complessità e la maturazione del livello neonatale. Tramite questi circuiti i messaggi provenienti dalla periferia (i dati sensoriali) vengono trasmessi al cervello e da questi alle varie parti del corpo. Nello stesso tempo la corteccia cerebrale (che può essere definita come "la base della coscienza") matura in maniera tale che possiamo ipotizzare un inizio di vita cosciente.

A partire dalla 23ª settimana i test sulle onde cerebrali cominciano a registrare periodi cosiddetti REM (Rapid Eyes Movements = movimenti oculari rapidi) che indicano la presenza di sogni durante il sonno. Se il bambino in utero sogna vuol dire che è capace di ricordare e di rielaborare le stimolazioni sensoriali. Sognare, per il bambino in utero, è un'attività molto forte, che si manifesta con movimenti coordinati tra volto ed estremità e con mimiche facciali di piacere o dispiacere.

I vari ricercatori indicano, per quanto riguarda la data della comparsa della *memoria* nel bambino in utero, un periodo di tempo che varia dal 6° all'8° mese di gestazione. La capacità di fissare l'esperienza stabilisce anche le aspettative del bambino, in senso molto reale. Si deve quindi riconoscere al bambino il bisogno, al momento della nascita (e successivamente) di mantenere il "clima uterino", fatto di equilibrio termico, cullamento, accarezzamento, contenimento ecc.

È accertato che il bambino in utero reagisce a una quantità enorme di stimoli ambientali, sia di origine interna (ad esempio, neurormoni materni) che di origine esterna (ad esempio, rumori improvvisi). Da parte del bambino una delle forme di comunicazione più facilmente misurabile è il tirar calci, attività che può essere causata dai fattori più diversi (rumori troppo forti, situazioni di disagio in utero, situazioni di distensione e rilassamento materni ecc.). Uno dei gesti esterni più facilmente osservabili di reazione da parte materna al calcio del bambino è lo strofinamento della pancia con la mano: perché non interpretarlo come *rassicurazione*?

La salute del bambino in utero, oltre a essere tutelata da tutta una serie di controlli medici ormai divenuti di routine, è influenzata certamente anche dal grado di accettazione della gravidanza da parte dei genitori e dal loro vissuto della gravidanza. Una serie di ricerche ci induce a pensare che il rischio per la salute globale del neonato è reale quando un bambino non è voluto e di conseguenza il periodo della gestazione è vissuto con timori, ansie, rifiuti continui. L'ipotesi che si possano determinare situazioni a rischio per il bambino si riferisce naturalmente a situazioni di grave disagio e non certo alle normali, frequenti ambivalenze di accettazione/rifiuto che possono provare i futuri genitori nei confronti del figlio che deve nascere.

Occorre precisare che quando si parla di *coscienza*, di *memoria*, di *aspettative* si utilizzano termini con un significato diverso da quello comune.

Coscienza non vuol dire autoconsapevolezza. La distinzione tra coscienza e autoconsapevolezza è uno di quei punti che impegnano molti studi contemporanei. Questi studi hanno messo in evidenza che l'autoconsapevolezza è una conquista che viene raggiunta dal bambino dopo la nascita, intorno ai 18-24 mesi. Prima, quando si parla di *coscienza*, ci si riferisce alla presenza di azioni chiaramente finalizzate al raggiungimento di un obiettivo, ma che non sono riconducibili al sapere che "sono *io* che ho deciso di fare una certa cosa".

Anche per quanto riguarda la *memoria* è importante definire quali aspetti di questa sono presenti nel bambino in utero e alla nascita. La nostra memoria è qualcosa di molto complesso, tanto che ormai gli psicologi non parlano più di *una* memoria, ma di vari *sistemi di memoria*, che si costruiscono e arricchiscono nel corso della vita. Il bambino in utero comincia a memorizzare primariamente le *sequenze motorie,* in una sorta di programmazione volta a ottenere il massimo dei risultati con il minore dispendio di energia. Comincia a memorizzare anche i dati che faranno parte del sistema di memoria sensoriale, che gli servirà per distinguere sensazioni sonore, olfattive, gustative, tattili, visive o propriocettive (le sensazioni che provengono dall'interno del nostro corpo: equilibrio, tensione viscerale ecc.). Inizialmente questa memoria sensoriale gli servirà a discriminare le sensazioni piacevoli da quelle spiacevoli e, quindi, a memorizzare i fondamenti delle emozioni. Queste infatti si dispongono lungo un continuum che va dal piacere più intenso al più intenso dispiacere.

Il linguaggio parlato, in quanto *lingua dei segni* (la lingua creata da un certo gruppo per comunicare al suo interno, utilizzando *segni* cioè parole al posto di oggetti, contatti, gesti), non è compreso dal bambino né in utero né alla nascita. Ci vorranno mesi di contatti continui con gli altri esseri umani per comprendere e apprendere la lingua della cultura nella quale è nato.

Le competenze del bambino in utero

- *Il tatto.* Il tatto è un apparato sensoriale molto complesso. Di fatto esso è costituito da centinaia di recettori sparsi in tutto il nostro corpo che fanno della pelle un meraviglioso meccanismo capace di determinare qualità fisiche molto differenti: il caldo, il freddo, la pressione, la morbidezza degli oggetti o la loro ruvidezza o la loro durezza, il dolore. I recettori sensoriali specializzati per i vari tipi di sensazione sono presenti in epoche precoci della vita intrauterina. Test di rilevazione della sensibilità tattile dimostrano che alla 10^a settimana è già alta la sensibilità tattile della zona genitale, alla 11^a quella dei palmi delle mani, alla 12^a quella delle piante dei piedi. Queste aree sono quelle che, anche nell'adulto, manterranno un numero di recettori sensoriali più elevato rispetto ad altre parti del corpo. Il bambino in utero riceve un elevato numero di informazioni dai suoi recettori tattili, di qualità soprattutto piacevole: la morbidezza e la regolarità delle pareti uterine, il contenimento nel liquido amniotico, una pressione uniformemente diffusa, la temperatura costante.

- *Il gusto.* Le strutture sensoriali per il rilevamento del gusto sono presenti dalla 14ª settimana. Test sulla deglutizione mostrano che il bambino in utero incrementa i movimenti di deglutizione se assaggia un gusto dolce, al contrario li diminuisce se assaggia un gusto amaro o acido. Nel liquido amniotico sono a disposizione del bambino una serie di differenze gustative collegate alle varie sostanze che vi si presentano. Test fatti alla nascita rivelano preferenze definite e molto discriminanti.
- *L'olfatto.* La struttura nasale si sviluppa tra la 11ª e la 15ª settimana. Fino a un passato molto recente si escludeva la possibilità che il bambino in utero potesse avere esperienze olfattive, pensando che queste fossero possibili solo in ambiente aereo e tramite la respirazione. Invece le ricerche degli ultimi anni hanno scoperto un mondo di possibilità olfattive anche all'interno del liquido amniotico. Molti composti chimici possono attraversare la placenta e raggiungere la cavità amniotica, potendo così venire a contatto con le cavità orali, nasali e faringee del bambino. Con l'inalazione e la deglutizione il bambino sperimenta (oltre al gusto) anche l'odore di questi vari composti. Le associazioni gusto/odore che si formano in utero rimangono anche nel periodo post-natale, determinando il comportamento di preferenza o di non preferenza verso gusti e odori.
- *L'udito.* L'ambiente uterino è un mondo pieno di rumori. Le registrazioni evidenziano che è sempre presente un suono molto forte, ritmico, sibilante: il battito cardiaco materno. A questo si sovrappongono i rumori intestinali della madre, causati dall'aria che passa nelle viscere, le risonanze ossee ecc. L'apparato uditivo del feto si completa intorno alla 24ª settimana, ma già dalla 16ª alcuni test hanno dimostrato la capacità di ascolto del bambi-

no. I rumori interni rendono difficile la penetrazione di suoni e rumori esterni, la cui intensità è diminuita anche dal liquido amniotico. Soltanto rumori o suoni particolari pertanto possono emergere distintamente nell'ascolto del bambino. Sono stati fatti molti esperimenti con l'utilizzo della musica, studiando appositi mezzi per far arrivare il suono al bambino. I dati ci indicano che, da un punto di vista motorio, i bambini reagiscono meno a musiche *tranquille* (sono state provate ad esempio la *Ninna nanna* di Brahms o i movimenti lenti delle sinfonie di Mozart) e si agitano invece significativamente per musiche dai ritmi marcati (ad esempio brani rock). Ai rumori forti e improvvisi reagiscono con bruschi movimenti di allontanamento dalla fonte sonora.

- *La vista.* I muscoli che regolano i movimenti oculari e il sistema visivo si sviluppano molto presto. Le palpebre restano chiuse fino alla 26ª settimana, ma il bambino mostra sensibilità alla luce già prima di questa apertura: una luce di una certa intensità, posta vicina all'addome, produce un'accelerazione dei battiti del cuore. Anche se non sono possibili test sulle capacità visive in utero, possiamo dedurle da quelle che presentano i bambini nati prematuramente, dopo la 28ª settimana di gestazione. Per quanto riguarda la messa a fuoco, con controllo orizzontale e verticale, questa appare intorno alla 31ª-32ª settimana e l'abilità si accresce rapidamente con l'esperienza, avvicinandosi velocemente alle capacità manifestate alla nascita dal bambino a termine. Come vedremo, il neonato ha la capacità di mettere a fuoco oggetti a una distanza media di 30 cm circa.

Per quanto riguarda la *qualità* dell'esperienza, possiamo dire che, verso la fine della gravidanza, l'utero e le pareti del ventre materno si tendono a tal punto da lasciar penetrare un po' di luce (se il ventre della madre ovviamente non è riparato da vestiti coprenti). La tonalità di questa luce è rossastra. Il bambino avrà quindi esperienze di luce rossastra/rosata alternata a periodi di oscurità.

DALLA FASE EMBRIONALE E FETALE A QUELLA NEONATALE	
6ª-7ª settimana	• Cominciano a svilupparsi gli emisferi cerebrali. • I neuroni manifestano una iniziale capacità di comunicare tra loro e questo è testimoniato dalla possibile registrazione della loro attività elettrica.
2° mese	• L'embrione ha movimenti spontanei.
3° mese	• I diversi sistemi dell'organismo sono formati e cominciano a funzionare. • Una rete di controlli nervosi si sovrappone all'attività muscolare diffusa.
4° mese	• La madre può avvertire i movimenti del feto. • Il feto raggiunge una lunghezza di 15 cm e un peso di 250 g. • Le labbra diventano sensibili al tatto.
5° mese	• I polmoni sono formati. • La pelle è completamente formata, compaiono anche i capelli e le unghie.
6° mese	• Gli occhi si aprono e si chiudono e distinguono la luminosità. • Si alternano periodi di sonno e periodi di attività motoria.
8° mese	• Il cervello ha ormai una conformazione simile a quella di un adulto, ovviamente essendo ancora lontano dalla maturità.

da: A. Oliverio, 2008

I movimenti del bambino in utero

Il bambino compie movimenti spontanei all'interno dell'utero fin dalla 7ª settimana di gestazione. La maggioranza delle madri però riferisce di avvertire i movimenti fetali più tardi, fra la 13ª e la 24ª settimana (4°-5° mese).

I movimenti del bambino in utero sono stati ampiamente studiati e illustrati, attraverso ecografie, materiale fotografico e cinematografico. Nel bambino in utero sono presenti tutti i modelli di movimento di cui siamo capaci anche noi adulti, ma (sembra) ancora senza significato funzionale. Successivamente fra questi modelli (che il pediatra e neuropsichiatria Adriano Milani Comparetti chiamava "pattern motori primari") vi è un'evoluzione (attraverso selezione e integrazione) finché essi assumono significati funzionali. Ad esempio il bambino che in utero si trova in una certa posizione (decubito), dopo un certo periodo di tempo, saltando ripetutamente, riesce a cadere in un decubito diverso dal precedente, cambiamento necessario per una crescita armonica. Sperimentare la suzione del dito fin da un'epoca così precoce, insieme ai movimenti di deglutizione, precede e prepara la capacità neonatale di succhiare il seno. I movimenti del bambino in utero sono tesi anche al riciclaggio del liquido amniotico e alla ricerca della posizione di uscita (presentazione cefalica). Oltre ai movimenti del corpo in generale, il bambino in utero è capace di movimenti che potremmo chiamare *autostimolanti*. Si tocca le varie parti del corpo con le mani, iniziando una vera e propria attività di esplorazione, afferra il cordone ombelicale, tocca il sacco amniotico e, attraverso esso, la placenta. A 6 settimane (quando la sua lunghezza è di 2,5 cm) le mani sono tenute vicinissime alla bocca. Se toccano la zona orale il feto allontana la testa e apre la bocca. Più tardi, invece di allontanarsene, egli gira la testa in direzione della mano e può succedere che si metta il dito in bocca. Sono stati fotografati bambini con il dito in bocca a circa 4 mesi e mezzo dal concepimento.

Riassumendo: il bambino in utero vive in un mondo uniformemente caldo (37 °C circa), liquido, rumoroso, a tinte rosate; riesce a muoversi, a succhiarsi il dito, esplora con le mani, si sente abbracciato dalle pareti uterine; riesce a generare dei cambiamenti di ambiente ogni volta che si muove; deglutisce e urina; percepisce sapori e odori e sente rumori e suoni; alterna periodi di veglia a periodi di riposo e di sonno (queste fasi sembrano regolate su quelle materne, grazie a scambi ormonali, e questa regolazione pare continui anche nei primi giorni dopo la nascita).

Le competenze del bambino alla nascita

Quante cose sa fare un neonato!

Al momento della nascita l'esperienza fondamentale per il bambino sarà determinata dalle relazioni interpersonali che l'ambiente gli offrirà attraverso *la pelle* (e attraverso la totalità della sensibilità tattile). È con la totalità della pelle che il bambino può capire che disposizioni hanno gli adulti che si occupano di lui; attraverso questa costruirà e consoliderà i rapporti con il mondo circostante.

Ashley Montagu nel suo saggio *Touching: the Human Significance of the Skin* (1971; trad. it. *Il tatto*), dopo aver esaminato tutta una serie di studi sul bambino degli ultimi due secoli, conclude:

> *Essere toccato con le mani, sollevato, accarezzato, abbracciato, vezzeggiato [...] sono la manipolazione, il sollevamento, l'accarezzamento, il vezzeggiamento le cose che vorremmo sottolineare, perché, a quanto pare, anche se mancano tante altre cose, queste sono le rassicuranti esperienze fondamentali che il bambino deve provare per sopravvivere in salute [...]. Privazioni sensoriali per altro verso estreme, come quelle della luce e del suono, possono essere superate, purché le esperienze sensoriali della pelle siano mantenute.*

I primi scambi comunicativi, l'inizio di ogni dialogo futuro, sono stabiliti attraverso il linguaggio della pelle. Anche noi adulti giudichiamo i rapporti con gli altri attraverso questo linguaggio più di quanto non si creda ("è un individuo freddo", "è un viscido", "è uno caloroso"). La sensazione tattile non è solo questione di tatto o di pressione, ma anche una risposta alla temperatura. La carezza di una mano gelida non è sicuramente piacevole per chiunque la riceva, meno che mai per un bambino di pochi giorni.

All'inizio della vita extrauterina l'importanza del tatto-temperatura è particolarmente significativa per la zona delle *labbra:* attraverso di esse il bambino possiede il suo primo metro di giudizio della realtà, che sarà positivo o negativo, influenzato dalle modalità emotive che si organizzano attorno all'assunzione del cibo. Per questo, anche in seguito, pur affidandosi anche a più complesse modalità percettivo-valutative, cercherà comunque sempre di portare ogni cosa alle labbra e di "assaggiarla".

Generalmente vengono riconosciuti come validi motivi di pianto la fame o il dolore: tra i motivi di pianto meno riconosciuti c'è però anche il bisogno da parte del bambino di pochi giorni di essere coccolato e dondolato. E non è vero che si "vizia" il bambino offrendogli queste cure (coccolamento, dondolamento, cullamento): al contrario, tutta una serie di ricerche ha dimostrato che frequenti e prolungate cure rendono più rare le crisi di pianto.

È poi importante la disponibilità dell'adulto nell'offrire queste cure: il bambino reagisce agli stati emotivi dell'adulto. Nel caso in cui questi provi tensione o ansia, anche se non traspare all'esterno con evidenza, il bambino la percepisce comunque: sono le inserzioni muscolari, il loro tono rilassato o meno, che guidano la percezione del bambino e lo acquietano e consolano, oppure lo irrigidiscono e non lo calmano.

SUL CONCETTO DI NASCITA

Si chiama "nascita" un evento che per le generazioni che ci hanno preceduto era la manifestazione dell'apparire di un individuo che fino ad allora era *nascosto*. Oggi sappiamo che la nascita avviene molto prima: è al momento del concepimento (senza voler entrare in problematiche etiche) che nasce un nuovo individuo. Il passaggio dalla vita fetale alla vita autonoma per quanto riguarda la respirazione, il nutrimento, la circolazione del sangue, caratterizza una nuova fase di vita, non certo il nascere in senso letterale. Il neonato viene al mondo con l'equipaggiamento necessario ad affrontare una serie di compiti.

- Risponde allo stress della nascita (aiutato da un elevato livello di ormoni specifici) e partecipa in maniera attiva all'evento.
- Passa dalla respirazione ombelicale/materna (passiva) a quella polmonare (attiva).
- Abbandona la nutrizione placentare e inizia a nutrirsi attivamente attraverso la bocca (ricerca del seno e riflesso di suzione).

I riflessi presenti alla nascita

Al momento della nascita sono presenti dei comportamenti che sono definiti *riflessi*. I riflessi dipendono dalla presenza di circuiti nervosi che si basano su *recettori* – sensibili al dolore, al tatto, a stimoli visivi o acustici e via dicendo – ed *effettori*, muscoli in genere che si contraggono quando arriva lo stimolo.

I riflessi sono comportamenti ereditati, che non sono cioè appresi. Fanno parte di un patrimonio trasmesso al nuovo nato dall'appartenenza alla nostra specie. Sono comportamenti che avvengono in maniera organizzata e involontaria, in reazione a una stimolazione specifica.

Il neonato è dotato di questi meccanismi geneticamente programmati, necessari a consentirgli la sopravvivenza soprattutto in questa prima fase quando la corteccia cerebrale è ancora particolarmente immatura. Molti di questi riflessi presenti alla nascita, con la maturazione del sistema nervoso, scompaiono o si trasformano per essere poi sostituiti da atti volontari.

Di seguito elenchiamo i principali riflessi neonatali.

- *Riflesso di rotazione del capo e apertura della bocca.* Lo sfioramento all'angolo della bocca, provoca la rotazione della testa in direzione dello stimolo. Il riflesso solitamente è attivo fino ai 3-4 mesi e non oltre il 6°.
- *Riflesso di suzione e di deglutizione.* Quando il neonato viene in contatto con qualcosa che può essere succhiato, succhia. Le

labbra e la lingua effettuano una reazione di avvicinamento allo stimolo, la lingua si ritira, le labbra si chiudono e avviene la suzione. Se viene messo in bocca al neonato il capezzolo (o anche altri oggetti come un dito o il ciuccio), lui succhia vigorosamente. Queste reazioni nell'insieme permettono al bambino di alimentarsi. La fase di cercamento scompare verso i 3-4 mesi, mentre il riflesso di suzione scompare al 10°-11° mese e talvolta è evocato durante il sonno leggero. Il riflesso di deglutizione si scatena con il contatto dell'alimento con la parete della faringe (è incompatibile con la suzione perché quando il bimbo deglutisce non succhia); è un riflesso che non scomparirà per tutta la vita.

- *Riflesso tonico asimmetrico del collo.* La reazione si scatena con la rotazione laterale della testa del neonato posto supino che determina una variazione del tono degli arti superiori con l'estensione dell'arto facciale e flessione di quello nucale. La sua influenza è molto forte nelle prime settimane e poi scompare.
- *Riflesso di Moro.* Se la testa non viene sostenuta e il bambino cade all'indietro, o se lo si solleva dal piano prendendolo sotto la schiena e lo si rilascia, si scatena una risposta riflessa che si distingue in due momenti: all'inizio si manifesta come una brusca estensione e abduzione delle braccia; in un secondo momento il bambino allarga le dita a ventaglio e gli arti superiori descrivono un arco di cerchio (tipo abbraccio) per ritornare poi allo stato di flessione-adduzione. Questo riflesso può essere evocato anche da rumori improvvisi e bagliori di luce. Scompare verso il 4°-5° mese e comunque entro i 6 mesi.
- *Riflesso di prensione o grasping-reflex.* Stimolando il palmo della mano del neonato con un dito o un oggetto allungato, si genera una reazione di presa a pugno senza flessione del pollice. È provocato dalla pressione dei tendini flessori delle dita; dà luogo a una chiusura della mano del bambino di una certa intensità tanto che può consentirgli anche di restare appeso ed essere sol-

levato per qualche attimo. Il riflesso scompare totalmente verso i 9-10 mesi, quando inizia la capacità di rilassamento volontario. Già a 3-4 mesi la semplice stimolazione della pelle non lo scatena più ed è necessaria una forte pressione.

- *Riflesso di raddrizzamento e di deambulazione automatica.* Il riflesso di deambulazione è in sintonia con il riflesso di raddrizzamento, infatti il bambino tenuto eretto e appoggiato con i piedi, se inclinato in avanti mantenendo l'appoggio con leggera pressione, dimostrerà risposte automatiche di estensione e flessione delle gambe che richiamano l'automatismo della camminata (marcia automatica): alza i piedi come per camminare. Il riflesso scompare verso i 2-3 mesi.
- *Riflesso di Babinsky.* Quando si solletica delicatamente la pianta del piede del bambino dalle dita verso il calcagno, egli flette l'alluce mentre allarga le altre dita.

Principali capacità percettive del neonato

Fino a poco tempo fa (e l'opinione persiste ancora presso molte persone) il neonato era considerato un essere completamente dipendente dall'ambiente, al quale cominciava a partecipare non prima del 2°-3° mese di vita. Come abbiamo visto, il bambino è invece già prima della nascita ricco di competenze e ha notevoli capacità percettivo-sensoriali, interattive e imitative. Il neonato comunica in maniera attiva con gli altri esseri umani; seleziona gli stimoli che gli giungono da parte dell'ambiente e si orienta verso quelli che lo attraggono di più; invia a sua volta messaggi adeguati affinché chi si prende cura di lui provveda ai suoi bisogni.

Le acquisizioni del bambino in utero si evolvono nelle capacità del bambino dopo la nascita. Lo schema che presentiamo delle varie competenze le suddivide tra loro, ma nel neonato coesistono e sono strettamente correlate e interdipendenti. La suddivisione delle varie competenze compresenti nel neonato è forzatamente dettata dall'esigenza di descriverle e renderle più comprensibili singolarmente.

La vista

La modalità percettivo-sensoriale più studiata nei neonati è stata senz'altro la visione perché è più facile controllare le caratteristiche di un oggetto visivo da presentare al neonato (forma, colore, dimensione) piuttosto che un suono o un odore.

Alla nascita il nervo ottico è più sottile e breve che nell'adulto e non completamente mielinizzato. Lo sviluppo della corteccia cerebrale non è ancora completo. Gli studi che riguardano questi aspetti neurologici sembravano suffragare la convinzione del passato che la vista del neonato fosse "imperfetta". Molte ricerche basate sull'osservazione dimostrano invece che la vista del neonato è altamente organizzata. Tutti possono sperimentare d'altronde che il neonato è in grado di apprezzare le variazioni di luce. Egli non ama la luce troppo intensa: perfino a occhi chiusi o nel sonno, se improvvisamente gli viene diretto un fascio luminoso verso il volto, ruoterà gli occhi, tenderà i muscoli, aggrotterà le sopracciglia. Se, da sveglio, lo portiamo verso un fonte luminosa che non lo ferisca, egli si volgerà in direzione della luce, mostrando chiaramente di sapere dove si trova e di esserne attratto. Nell'osservare la capacità del neonato di analizzare gli stimoli visivi dobbiamo tener conto della sua scarsa capacità di *focalizzazione*: la distanza in cui il neonato mette a fuoco gli oggetti è di circa 20-30 cm, che non a caso è la distanza che corrisponde a quella tra i suoi occhi e il volto della madre, quando viene allattato. Una distanza importante e determinante per l'aspetto nutritivo e relazionale. La visione è una delle maggiori fonti d'informazione per il neonato e le sue capacità visive aumentano via via che si allarga l'interesse per il mondo circostante. Progressivamente riuscirà a mettere a fuoco oggetti posti a distanze maggiori.

Il neonato sembra non vedere un oggetto in movimento rapido: in realtà lo vede, ma non sa seguirlo, colpa dell'ancora scarsa coordinazione oculo-motoria e dei muscoli del collo. Se muoviamo lentamente la testa entro i limiti di questa distanza davanti al neonato sveglio, è molto probabile che egli per un breve tratto ci segua coordinando i movimenti oculari. Progressivamente, mentre la distanza di messa a fuoco del piccolo si allunga, i movimenti degli occhi si fanno sempre più coordinati.

Negli ultimi decenni sono state condotte in maniera intensiva ricerche volte a capire cosa i neonati guardano con maggior interesse. Oggi possiamo affermare con sicurezza che i neonati sono attratti e soffermano la loro attenzione visiva su immagini complesse nel cui insieme siano presenti demarcazioni nette. Oltre che dalla complessità i neonati vengono attratti da altre caratteristiche visive, quali la simmetria, la mobilità, la presenza di curve. Tutte caratteristiche proprie del volto umano.

Ed è proprio il volto umano l'oggetto che più di tutti attrae l'attenzione visiva del neonato. La zona guardata con più interesse è quella degli occhi: le sclere bianche, le iridi più scure, la pupilla nera formano un insieme di contrasti ben marcati. Sembra che nelle prime settimane di vita l'esplorazione visiva sia circoscritta agli occhi e alle aree periferiche del volto, come capelli e mento. Ben presto però i neonati cominciano a esplorare i dettagli interni dello schema facciale e a 4 mesi l'esplorazione diviene sistematica e rivolta a tutte le parti del volto.

Il nostro apparato visivo rileva un continuo cambiamento delle forme dell'ambiente. Una persona che si avvicina viene rilevata dalla nostra retina, come succede con la macchina fotografica, con un angolo progressivamente più grande. Il contrario succede con l'allontanamento. Noi dovremmo pertanto vedere le persone diventare giganti mentre si avvicinano a noi e sempre più piccole quando si allontanano. Eppure seguitiamo a vedere la loro altezza e le altre caratteristiche (come larghezza e profondità) costanti. Questo fenomeno si chiama *costanza percettiva*. I neonati cominciano molto presto a rilevare un ambiente con queste caratteristiche di costanza: verso i 3 mesi è già presente la costanza di forma e a 4-5 mesi la costanza di grandezza. La percezione della profondità o, come si dice, della *terza dimensione*, non è direttamente rilevata dall'apparato visivo. Le immagini retiniche sono infatti bidimensionali. Rilevare oggetti in tridimensionalità è importante per muoversi nell'ambiente senza procurarsi danni. L'ipotesi più accreditata in ambito scientifico è che la terza dimensione sia costruita dal bambino nei primi mesi di vita su una base di predisposizione innata e di attiva e costante sperimentazione dei dati ambientali.

Dai 2-3 mesi la messa a fuoco raggiunge distanze fino ai 150 cm e il bambino sviluppa la visione binoculare (capacità di mettere a fuoco contemporaneamente con i due occhi, indispensabile procedimento ottico per rilevare la terza dimensione) divenendo così idoneo a esplorare visivamente l'ambiente che lo circonda.

Il neonato percepisce le *sfumature cromatiche*. Preferisce i colori più saturi, come il rosso e il blu, e li distingue, indipendentemente dalla loro brillantezza. Già a 4 mesi è possibile dimostrare una percezione cromatica molto simile a quella di un adulto.

Il neonato, già nella 1ª settimana, è attratto e pone attenzione agli stimoli, purché ben evidenti, preferibilmente in movimento, curvilinei piuttosto che acuminati, complessi piuttosto che semplici, strutturati piuttosto che uniformi, stimoli nuovi piuttosto che già conosciuti, contorni netti piuttosto che sfumati.

Un'altra scoperta di questi ultimi anni è relativa al fatto che il bambino pare essere capace fin dalla nascita di interagire (anche se in maniera discontinua) mediante la brillantezza e vivezza del proprio sguardo, inducendo una comunicazione reciproca con l'adulto che si occupa di lui. Cioè anche il bambino riesce a interessare gli altri e a richiamare la loro attenzione.

La netta preferenza per il volto umano, anche se presentato in forma schematica, sembra innata e nello stesso tempo *adattiva*, nel senso che favorisce il legame di attaccamento e le relazioni primarie. Il volto attrae il neonato anche perché emette suoni *umani* e per il fatto che la sua apparizione spesso si accompagna a piacevoli sensazioni tattili (carezze, cullamenti, toccamenti). In particolare già dopo i primi giorni di vita, il neonato dimostra di preferire il volto di chi si occupa principalmente di lui.

La preferenza per i volti umani rapidamente si sviluppa nel riconoscimento del volto umano al quale il bambino reagisce già nei primi mesi con la tipica risposta del *sorriso* alla sua apparizione.

Il neonato abbastanza precocemente è capace di discriminare differenti espressioni facciali che esprimono emozioni. A 3 mesi i bambini sono già abili nella discriminazione tra un volto sorridente e uno imbronciato.

Per quanto riguarda la percezione dei particolari degli oggetti, la ricerca ci dice che il bambino passa da una primitiva fase *sincretica* (periodo neonatale) nella quale la percezione della struttura di insieme ostacola il riconoscimento dei particolari, a una fase *sintetica* (nella seconda infanzia) nella quale si possono contemporaneamente percepire sia aspetti globali che particolari. Il superamento della fase sincretica avverrà molto gradualmente nell'età prescolare a seguito dello sviluppo progressivo delle capacità analitiche, all'adozione di una prospettiva reversibile (dal sincretico al particolare e viceversa), alla capacità di compiere esplorazioni visive complete ed esaustive dell'oggetto, e infine al perfezionamento della percezione della costanza di grandezza di cui abbiamo parlato in precedenza.

Un'ultima osservazione sulla funzione visiva del neonato: l'immagine che l'occhio attraverso la pupilla invia sulla retina è capovolta (come avviene in una macchina fotografica), ma sarà il cervello a interpretarla e a darne la percezione spaziale corretta. Nei primi mesi il bambino comincia a integrare ciò che vede con ciò che tocca, che gusta, con ciò che sente e con le sensazioni che prova: è proprio questa *integrazione sensoriale* che consenta alla corteccia cerebrale di mettere a confronto tutte le informazioni che riceve dall'ambiente, dando poi così la lettura del messaggio visivo ricevuto dall'occhio. In altri termini, noi vediamo ciò che il cervello *pensa* di quanto riceve dall'occhio.

L'udito

Molti concetti espressi per la funzione visiva sono validi per le altre funzioni. Anche per l'udito si è creduto a lungo che il neonato fosse privo di capacità di discriminazione uditiva, oppure che la sua soglia uditiva fosse molto alta (cioè che solo gli stimoli molto intensi potessero essere percepiti). Il bambino appena nato mostra invece una vasta gamma di risposte comportamentali agli stimoli sonori. I neonati sono attratti dai suoni: orientano gli occhi e la testa in direzione di suoni ritmici (abitudine al suono ritmico del battito cardiaco in utero) e di voci umane. I suoni che attirano di più l'attenzione del neonato sono infatti quelli fra i 500 e i 900 Hz, fascia di frequenze che include la voce umana. In risposta a suoni compresi nello spettro della voce umana il neonato rallenta l'attività motoria o la inibisce, si registra una decelerazione della sua frequenza cardiaca, entra in uno stato di attenzione e ruota la testa verso la fonte del suono. Con suoni troppo alti, invece, il bambino sobbalza, ruota la testa in senso contrario allo stimolo, tende a eliminare gli effetti di disturbo cercando di abituarsi allo stimolo e, se non vi riesce, inizia a piangere.

Il fatto che il bambino riconosca precocemente la voce di chi si prende cura di lui favorisce quei comportamenti di attaccamento che sono indispensabili per farlo crescere: passando da una dipendenza positiva, di fiducia nel rapporto relazionale con gli adulti, a una sempre maggiore autonomia.

I neonati sono inizialmente in grado di discriminare i fonemi delle diverse lingue per poi concentrarsi selettivamente solo su quella di appartenenza. Neonati di pochi giorni mostrano una precoce sensibilità all'intonazione, alla variazione di frequenza, alle componenti fonetiche della lingua parlata. Sono in grado di discriminare categorie fonetiche diverse, ad esempio consonanti occlusive sonore come *b, d, g,* da consonanti occlusive sorde come *p, t, k,* dimostrando di percepire i suoni della lingua parlata con le stesse informazioni sonore a disposizione degli adulti.

Il neonato è capace di localizzare la provenienza dello stimolo sonoro; se lo stimolo è la voce umana, si nota una sincronia tra questa e i movimenti del neonato che cerca di volgersi verso la fonte.

Molti ricercatori affermano che il neonato preferisce la voce femminile (più ricca di toni alti) a quella maschile (più ricca di tonalità basse). A questa ipotesi se ne contrappone un'altra che afferma che è la voce maschile quella che viene preferita dal bambino alla nascita. In attesa di conferme all'una o all'altra teoria, ci sembra importante sottolineare che il neonato è pronto ad accogliere la voce umana come lo stimolo sonoro di gran lunga preferito e che, forse, dipende dalla persona che maggiormente si prende cura di lui (donna o uomo che sia) il fatto che si venga a determinare una preferenza verso la voce femminile o maschile.

Il gusto

Il gusto è il senso attraverso il quale percepiamo i sapori. La sensazione gustativa è legata alla stimolazione delle gemme gustative (situate nelle papille dell'epitelio della lingua) da parte delle varie sostanze che vengono introdotte in bocca e che dopo essere state disciolte nella saliva sono in grado di generare impulsi che, attraverso le vie nervose gustative, raggiungono il cervello. Vengono riconosciuti quattro sapori fondamentali: il dolce, l'acido, l'amaro e il salato.

Ciascuna gemma gustativa, pur essendo in grado di rispondere a tutti e quattro i sapori fondamentali, possiede una sua *preferenza* che la rende in grado di essere stimolata anche da bassissime concentrazioni del suo sapore preferito. Le gemme per il dolce sono particolarmente concentrate sulla punta della lingua, per l'amaro alla base, per l'acido sui bordi, mentre la sensibilità per il salato sarebbe distribuita uniformemente su tutta la superficie della lingua.

Il gusto, come gli altri sensi del neonato, è già presente alla nascita e in epoca embrionale. Già il feto riesce a percepire e a riconoscere determinati sapori che gli arrivano dalla mamma attraverso il liquido amniotico, e il neonato mostra assai precocemente le sue capacità gustative, con variazioni delle modalità di suzione. Ha anche una capacità di discriminazione gustativa, riesce cioè a distinguere i vari gusti. Prova ad esempio piacere quanto più il cibo è dolce e disagio quanto più questo è salato, acido o amaro. Il bambino allattato al seno inizierà a scoprire nuovi sapori fin dalle prime poppate, poiché il latte materno cambia gusto a seconda dell'alimentazione della mamma.

I neonati accettano più facilmente i sapori a loro familiari, rifiutando, invece, quelli che non conoscono. La capacità gustativa del bambino si intensificherà durante il periodo dello svezzamento. Le sue papille gustative, più numerose di quelle dell'adulto, gli consentono di scoprire con facilità il sapore dei diversi alimenti. Per stimolare il gusto del bambino sarà fondamentale variarne l'alimentazione, per quanto riguarda sia i sapori dei cibi sia la loro consistenza (diversificazione alimentare).

L'olfatto

Il neonato distingue e riconosce svariati odori. L'olfatto è usato, unitamente agli altri sensi, per cogliere e decodificare i messaggi che provengono dall'ambiente. Distinguere gli odori lo aiuta a orientarsi verso la fonte di cibo.

Tutti noi siamo provvisti di odori corporali che ci appartengono in modo unico (come le impronte digitali). Se facciamo fatica a riconoscere gli odori caratteristici di ognuno di noi è perché il nostro odorato non è sviluppato come quello di altri animali. Il neonato, comunque, durante i primi giorni di vita impara a riconoscere l'odore della persona che per più tempo si prende cura di lui. Uno studio ha dimostrato che 30 minuti di contatto diretto tra madre e neonato nelle prime sei ore successive al parto sono già sufficienti perché il neonato riesca poi a distinguere l'odore della propria madre da quello di altre donne.

Il tatto

Come abbiamo già accennato, la pelle è il maggior organo sensoriale del corpo umano e ha il primato nelle esperienze del bambino: è con la totalità della pelle che il neonato può capire la disponibilità degli adulti che si prendono cura di lui. È attraverso la pelle che costruisce e consolida i rapporti con il mondo circostante, cioè attraverso il modo in cui viene tenuto, il bambino capisce che cosa *sente* per lui chi lo tiene.

Il tatto è la maggiore via di soddisfazione del neonato: attraverso il tatto può consolarsi, esplorare il mondo e aumentare le proprie conoscenze. Stimoli tattili possono essere usati dunque per calmare il bambino, per svegliarlo, per portarlo in uno stato di attenzione. Prendere in braccio un bambino vuol dire *contenerlo* in una situazione simile a quella fetale, vicino al proprio battito cardiaco (è stato rilevato che è percentualmente più elevato il numero delle volte che il neonato preso in braccio viene appoggiato sul lato sinistro, in prossimità del cuore).

I neonati reagiscono anche ad altri aspetti della sensibilità tattile: variazioni di temperatura, consistenza, umidità, pressione e dolore. La sensazione cutanea cioè non è solamente una questione di tatto o di pressione, ma anche di temperatura.

Il viso è la zona più sensibile del corpo del neonato, in particolare lo è la regione attorno alla bocca. Le labbra e le mani sono le aree dove risiedono il maggior numero di recettori tattili. All'inizio della vita extrauterina è attraverso le labbra che il bambino afferra la realtà. Per un certo tempo la bocca è lo strumento di giudizio privilegiato, ma anche dopo aver acquistato e perfezionato altri mezzi di conoscenza (ad esempio le mani e gli occhi) ancora per lungo tempo rimarrà lo strumento preferenziale di indagine del mondo circostante.

Ci sono poche ricerche volte a evidenziare se una soddisfacente stimolazione tattile favorisca direttamente la crescita (sviluppo fisico e mentale) del bambino. Riferendoci però a ricerche relative alla deprivazione di cure, possiamo rilevare che bambini privati significativamente di stimoli tattili ne avranno una crescita globale marcata negativamente.

Il dolore

Il dolore è una funzione importante per l'adattamento alla vita extrauterina e si sviluppa a partire dalle prime settimane di gestazione. Recenti studi hanno evidenziato che le basi anatomiche e fisiologiche per la percezione del dolore sono già sviluppate fin dalla 24ª settimana di vita fetale. Non ci vogliono poi particolari ricerche scientifiche per capire che i neonati avvertono le sensazioni dolorose.

Chiunque osservi un neonato durante un prelievo di sangue se ne può accorgere: il dolore prodotto dall'ago durante il prelievo provoca una reazione intensa di pianto. Una reazione che bene evidenzia l'importante funzione che il dolore ha per la sopravvivenza, scatenando condotte di allerta e protezione nei genitori e negli adulti intorno.

È stato notato anche che il sonno del bambino al quale sia stato fatto un prelievo di sangue rimane disturbato. Oggi si ritiene dunque necessario in campo medico un controllo del dolore fin dal neonato in modo da evitare possibili ripercussioni con effetti a lungo termine.

QUANTO È BRUTTO QUEL NEONATO!
CENNI DI ESTETICA NEONATALE

I bambini "sono tutti belli", si sa, ma molti pensano che questo valga anche per i neonati!
Chi ne ha visti tanti in sala parto, invece, sa quanto possano essere malconci sul piano estetico subito dopo la nascita, ma sa anche che basterà qualche giorno perché tornino a essere tutti bellissimi!
In un bambino appena nato sono presenti spesso dei "difetti": in realtà si tratta di fenomeni normali e transitori. Descriviamo i più frequenti, sottolineando il fatto che sono caratteristiche che non

devono preoccupare i neogenitori: non richiedono trattamento medico e tendono ad attenuarsi spontaneamente nel tempo fino a scomparire.

- **La pelle.** Alla nascita, la pelle appare più o meno abbondantemente ricoperta da uno strato protettivo grasso di colore giallastro, che si accumula soprattutto a livello delle pieghe: la *vernice caseosa*. La sua funzione è di proteggere la pelle del bambino in utero dal continuo contatto col liquido amniotico, che rischierebbe altrimenti di macerarla. Nel bambino che nasce oltre il termine, la pelle si presenta avvizzita e desquamante: dopo qualche giorno questo fenomeno si attenua e la pelle assume un aspetto più morbido e idratato. I neonati, in modo più evidente i prematuri, possono presentare una diffusa peluria, lanugine, in genere più marcata su fronte, schiena, cosce e spalle, che dopo alcuni giorni cadrà spontaneamente. Una buona percentuale di neonati (20-40%) presenta sulla pelle del naso e delle guance, e talvolta su fronte e mento, dei granelli biancastri più o meno abbondanti, ben incastonati nella pelle. Sono i *grani di milio*, piccole cisti sebacee che spariscono nel giro di qualche settimana. Dopo qualche ora, o in prima/seconda giornata dalla nascita, talvolta compare un'eruzione rossastra diffusa, uniforme o a macchioline separate: anche questa scompare spontaneamente in pochi giorni. Per accumuli temporanei di pigmento sotto la pelle si possono avere macchie bluastre (macchie mongoliche) soprattutto sul dorso e sulle natiche: non sono lividi né sintomi di disturbi circolatori; si attenuano negli anni. Sono più presenti nei bambini bruni, specialmente quelli i cui genitori sono originari del bacino del Mediterraneo, del Medio Oriente, dell'Europa orientale oppure dell'Asia. Alle palpebre, alla radice del naso, sulla fronte e sulla nuca si ritrovano con notevole frequenza macchie rosse (macchie vascolari) non rilevate: tendono ad attenuarsi col tempo per poi scomparire spontaneamente. La macchia della fronte può essere molto intensa e si evidenzia ancora di più quando il bambino piange. In alcuni casi compaiono formazioni rosso scuro, rilevate (emoangiomi): il medico ne valuterà l'evoluzione che nella maggior parte dei casi è, dopo una fase di crescita che dura qualche mese, di spontanea atrofizzazione (un processo che può richiedere anche qualche anno) senza che si renda necessario alcun intervento medico. Solamente una loro estensione importante o un aspetto veramente antiestetico potrebbero far prendere in considerazione dei trattamenti precoci.

- **Gli occhi.** Nel bianco degli occhi talvolta sono evidenti piccole emorragie, inizialmente puntiformi e che poi con il trascorrere dei giorni tendono ad allargarsi seguendo la curvatura dell'occhio. Interessano solo lo strato più superficiale e spariscono in pochi giorni senza lasciare conseguenze.

- **La testa.** La scatola cranica del bambino, per facilitare il passaggio della testa nel canale del parto subisce delle modificazioni (movimento a cerniera delle varie parti componenti il cranio) che possono rimanere anche per alcuni giorni dopo il parto: dei veri e propri scalini apprezzabili accarezzando la testa dei bambino. Spariranno per uno spontaneo assestamento. Sempre in conseguenza del parto si può avere un versamento di sangue sotto il cuoio capelluto, di dimensioni variabili, più o meno molle (cefaloematoma); può inoltre formarsi nella parte presentata, per la compressione subita durante la progressione nel canale del parto, una raccolta edematosa (*caput succedaneum* o tumore da parto). Ambedue queste tumefazioni tendono a risolversi spontaneamente.

- **I genitali.** Nei primi giorni dopo il parto sia nella femmina sia nel maschio i genitali esterni appaiono particolarmente voluminosi: la vulva è gonfla e le piccole e le grandi labbra sono nettamente rilevate, il pene appare più voluminoso e lo scroto rigonfio. È un effetto provocato da ormoni materni passati attraverso la placenta nei giorni che precedono la nascita e che vanno ad agire sui tessuti recettori del bambino, vale a dire i suoi organi genitali. Questo fenomeno, che prende il nome di "crisi genitale del neonato", si risolve nel giro di qualche giorno. La brusca interruzione di questo apporto ormonale che si ha al momento della nascita, può dar luogo nelle bambine a un sanguinamento simile a una mestruazione.

- **Le mammelle.** La regione delle mammelle si può presentare dura, gonfia e tesa. Anche questo fenomeno è frutto del passaggio di ormoni materni al bambino prima del parto. Il gonfiore può comparire tanto nei maschi quanto nelle femmine. A volte le mammelle contengono anche piccole quantità di latte (conosciuto nella tradizione popolare come "latte di strega"): non devono essere spremute, per evitare di provocare infezioni, né fasciate. Via via che il neonato elimina gli ormoni, il gonfiore sparisce spontaneamente, anche se sotto la mammella a volte persiste un piccolo nodulo più a lungo.

- **Le prime feci.** Meconio è il nome che si dà alle prime feci del neonato: sono di colore nero verdastro molto scuro e di consistenza elastica e collosa. In pochi giorni tendono a modificarsi per assumere le caratteristiche delle feci del bambino allattato al seno: soffici, morbide, di colore giallo oro e di odore acido.

Lo sviluppo motorio

I programmi motori

La funzione motoria è una delle più importanti del sistema nervoso. Abbiamo delle strutture nervose nel nostro cervello che sono in grado di controllare l'esecuzione di programmi motori molto complessi. Abbiamo visto che alla nascita sono presenti schemi motori ereditati, i cosiddetti *riflessi*. Dopo la nascita si sviluppano una grande quantità di programmi motori: alcuni seguono le linee tracciate dal patrimonio genetico, come nel caso del mettersi seduti; altri vengono incorporati mediante apprendimento, come nel caso dell'imparare a mangiare con un cucchiaio.

Un aspetto molto interessante dello sviluppo motorio è che esso è sì controllato dal cervello, ma al tempo stesso è anche un meccanismo che controlla il cervello e dà forma alla mente e alla coscienza. Gli aspetti motori sono dunque strettamente collegati con lo sviluppo dei processi mentali. Tramite la motricità cogliamo i nessi temporali di prima e dopo, i nessi di causa-effetto e così via.

LA CRESCITA DEL CERVELLO E DELLE SUE FUNZIONI

La crescita cerebrale avviene a scatti, durante la vita fetale, con successivi passaggi da relativa quiete a fasi di crescita molto rapida. Nelle ultime settimane di vita intrauterina e nelle prime dopo la nascita il nostro cervello cresce a un ritmo molto veloce: ogni minuto che passa aumenta di circa 2 mg e in un giorno aumenta di circa 2,5 g. Dopo qualche settimana questo ritmo vertiginoso rallenta notevolmente. Intorno ai 3 anni di vita il volume cerebrale raggiunto non è molto diverso da quello dell'adulto.

Dopo le prime settimane dalla nascita maturano le fibre che vanno dal cervello ai muscoli e che permettono al bambino, nell'arco del primo anno di vita, di tenere progressivamente diritta la testa, poi di mettersi a sedere e infine di camminare. Questo processo viene reso possibile dal rivestimento delle fibre nervose motorie da parte di una sostanza grassa chiamata *mielina*. È questo rivestimento che consente il corretto funzionamento dei nervi rendendo possibile una funzionale trasmissione degli impulsi nervosi. La mielinizzazione di gran parte delle fibre nervose si completa nei primi 24 mesi. Ma anche altre fibre devono essere rivestite di mielina. Ad esempio quelle che mettono in contatto tra loro i centri nervosi del linguaggio: il loro rivestimento si completerà più tardi, entro i primi 4-5 anni di vita. Le fibre che associano le fibre nervose dell'emisfero di sinistra con quello di destra (e viceversa) si ricoprono di mielina con un ritmo ancora più lento: si completano intorno ai 15-16 anni e quelle che mettono in contatto le fibre della parte frontale (che è sede di complesse operazioni mentali) con aree sottocorticali coinvolte nella vita emotiva, si completano intorno ai 20-22 anni.

È solo quindi quando si entra in quella che viene considerata età giovanile matura che il cervello può svolgere appieno tutte le sue funzioni, tra le quali:

- controllare i movimenti;
- reagire alle sensazioni;
- elaborare il linguaggio parlato e scritto;
- fare uso del pensiero astratto;
- organizzare gli apprendimenti;
- comprendere e governare le emozioni.

L'attività motoria

L'attività motoria (determinata dai neuroni che controllano i muscoli che eseguono una data azione) è molto complessa. Afferrare un oggetto, girare una pagina di un libro, ci sembrano azioni semplici, elementari, quasi istintive. In realtà sono frutto di apprendimenti molto fini e complessi, che hanno implicato l'uso e il mantenimento in memoria di molteplici movimenti muscolari finalizzati al raggiungimento di uno scopo. Ogni movimento che facciamo presuppone un apprendimento per arrivare all'efficacia della sua esecuzione e un programma codificato in una zona del nostro cervello (la cosiddetta *corteccia motoria*) che viene richiamato ogni volta che si deve eseguire, intenzionalmente o meno, quel particolare movimento. Ci sono però dei meccanismi che consentono al singolo individuo di non dover necessariamente costruire da solo questo bagaglio di esperienze per ogni attività motoria che gli è necessaria: possiamo anche "copiare", imitare i nostri simili. I programmi motori sono infatti così tanti e importanti che l'evoluzione ha predisposto nel nostro cervello un meccanismo imitativo (una sorta di risparmio e soprattutto di accelerazione degli apprendimenti), capace cioè di reagire ai movimenti eseguiti da altri esseri umani e di copiarli, incamerandone lo schema.

Anche quando non abbiamo nessuna intenzione di muoverci ma vediamo gli altri farlo, alcuni neuroni (detti *neuroni specchio*) si attivano ricopiando lo schema motorio che vediamo messo in atto dagli altri. L'evoluzione ci ha messo in grado cioè di semplificare molti apprendimenti motori grazie all'assunzione implicita di schemi motori che poi ripeteremo e miglioreremo con l'esercizio. Questi neuroni giocano un ruolo importante, ad esempio, durante l'apprendimento linguistico. Per imparare a imitare il suono degli adulti, il bambino è portato a imitare i movimenti che ha visto mettere in atto da loro. Questi movimenti, accompagnati dalla produzione del suono, porteranno il bambino a produrre le prime parole attraverso un meccanismo di controllo plurifunzionale di tipo sia motorio (per calibrare bene la muscolatura faringo-boccale) sia di tipo fonologico (per calibrare sempre più esattamente l'emissione del suono) sia di tipo simbolico (per definire con la parola l'oggetto o l'azione che si vuole indicare). Il bambino fa cioè una serie di apprendimenti concreti attraverso l'osservazione e l'imitazione dell'azione motoria osservata.

Le funzioni motorie vengono spesso considerate il livello più basso della funzionalità individuale. Il corpo viene considerato, in molte culture, entità inferiore rispetto a quella mentale, al *pensiero puro*. Di fatto i movimenti del corpo sono la porta attraverso la quale passare (e ripassare in varie fasi della vita) per giungere a quei comportamenti che riteniamo superiori – come il linguaggio ad esempio –, che danno forma alla nostra mente. Parlare, articolare cioè dei suoni in sequenza, appartiene alla stessa categoria di funzioni motorie del tipo di quelle che abbiamo utilizzato come specie per riuscire a scagliare una freccia o scheggiare una pietra per farne un oggetto d'uso.

ALCUNI PRINCIPI DELLO SVILUPPO MOTORIO

Lo sviluppo motorio risponde a una serie di principi, noti come *leggi della motricità*, che possono essere sintetizzati nel modo seguente.

- *Il processo di differenziazione*. La motricità globale e massiva, costituita da scariche generalizzate in tutto il corpo del neonato e in particolare agli arti, tende progressivamente ad affinarsi, acquisisce una forma e si va differenziando in attività sempre più localizzate e fini nel corso dello sviluppo.
- *Il determinismo anatomico*. Lo sviluppo della motricità è collegato ed è dipendente dai tempi di mielinizzazione delle fibre nervose.
- *Lo sviluppo cefalo-caudale*. La differenziazione della motricità avviene progressivamente dall'alto verso il basso. Inizialmente il controllo della motricità si va stabilendo a livello dei muscoli dell'estremità cefalica; ad esempio, per quanto riguarda i muscoli dell'asse del corpo, prima compare il controllo volontario dei muscoli oculari (inseguimento degli oggetti), poi dei muscoli nucali (controllo del capo) e infine dei muscoli del tronco (posizione seduta).
- *Lo sviluppo prossimo-distale*. Questa legge evidenzia il fatto che la differenziazione della motricità origina dall'asse del corpo andando verso le estremità. Pertanto, la motricità volontaria riguarderà innanzitutto i muscoli del tronco e poi di seguito e con gradualità quelli delle estremità tronco-spalle-braccia-mani-dita, tronco-cosce-gambe-piedi.

- *Le stimolazioni ambientali esterne.* Ogni stimolo esterno inerente la vita psicologica e sociale influenza necessariamente lo sviluppo della motricità. In sintesi dunque l'organizzarsi dell'individuo è il risultato sia della maturazione neurobiologica, che delle interazioni fra l'Io, gli oggetti, gli altri.

Dopo la nascita lo sviluppo della motricità avviene seguendo fasi ben precise. Il neonato è in grado di compiere, dopo qualche settimana, solo movimenti grossolani e poco selettivi. Ma già dal 2° al 4° mese i suoi movimenti diventano sempre più precisi; diviene capace di afferrare qualcosa, come una parte del suo corpo, ad esempio un piede, stringendolo con tutte le dita della mano. I suoi movimenti si perfezioneranno sempre più, finché riuscirà a orientare con precisione le mani e svilupperà quella tipica prensione che consiste nell'opporre il pollice all'indice, che lo renderà capace di afferrare anche oggetti molto piccoli.

Nel corso del 1° anno le sue azioni motorie diventeranno sempre più coordinate. Si doterà così di un numero sempre maggiore di schemi utili a eseguire varie azioni sull'ambiente, che costituiranno una memoria motoria che riguarda le procedure da eseguire per l'esecuzione di azioni motorie specifiche. Insomma, nei primi mesi vengono memorizzate molte procedure che si manterranno per tutta la vita dell'individuo.

A questa particolare *memoria procedurale* appartengono anche gli apprendimenti linguistici, che hanno bisogno di sequenze motorie per produrre i suoni di una lingua. L'intreccio di programmi motori e di memorizzazione di questi ci fa capire come funziona questo particolare sistema di memoria che potremmo definire non solo mentale ma ancorato saldamente al corpo, basato com'è su processi poco spiegabili concettualmente. Come si fa infatti a spiegare con parole la complessa e articolata sequenza dei movimenti della laringe, delle labbra e della lingua, necessari per produrre parole come "nanna" o "mamma"?

Il processo di costruzione della memoria inizia a partire dalle prime fasi della vita postnatale e si basa sulla capacità del neonato di riconoscere ciò che avviene e si ripete regolarmente intorno a lui. All'inizio il suo ruolo è esclusivamente passivo. L'adulto gli si avvicina, gli parla, lo accarezza, gli sorride, lo culla, lo sfama. Queste azioni soddisfano le sue necessità e gli procurano piacere. Ma molto presto il neonato *capisce* che certi suoi comportamenti (il pianto, i vocalizzi, i sorrisi) innescano quelle reazioni positive da parte dell'adulto che procurano vicinanza, accudimento, piacere. Un sistema comunicativo, basato sul rapporto dialogico tra il neonato e chi si prende cura di lui, ha così avuto inizio e proseguirà arricchendosi di competenze reciproche.

Il 1° anno di vita è dunque un periodo intenso e fondamentale per la crescita del bambino: in questo arco di tempo sono appresi e affinati un'ampia serie di comportamenti; inizia e si perfeziona il dialogo con gli altri esseri umani; l'esplorazione dell'ambiente si amplia attraverso la conquista di posizioni e abilità corporee sempre più evolute; inizia l'apprendimento del linguaggio verbale.

In questo anno il proprio corpo viene vissuto dal bambino con assoluta centralità: egli valuta il mondo e gli altri esseri umani esclusivamente in rapporto con il proprio corpo, attraverso le modalità di soddisfazione o repressione della sua ricerca del piacere.

Attraverso l'uso del corpo il bambino sperimenta anche la possibilità di *fidarsi* degli altri, in quanto riescono o meno a soddisfare i suoi bisogni.

Questa fiducia che si stabilisce durante il primo anno di vita, costituisce la base di ogni solido rapporto con gli altri esseri umani.

Il bambino all'età di 12 mesi è in grado di esprimere al meglio tutte le sue potenzialità solo se il suo corpo è stato rispettato e non è stato costretto ad assumere posizioni non sincrone col suo grado di maturazione ed ha potuto così sperimentare ed esplorare con facilità e *libertà* l'ambiente che lo circonda. L'intervento diretto dell'adulto nelle prime fasi dello sviluppo motorio (rivoltare il bambino, metterlo seduto o in piedi, farlo camminare) non è una condizione determinante per l'acquisizione di queste fasi. In condizioni ambientali favorevoli il bambino riesce comunque da solo, di sua iniziativa, a rivoltarsi sulla pancia, rotolare, strisciare, spostarsi a quattro zampe, sedersi, mettersi in piedi. Per *condizioni ambientali favorevoli* si intendono quelle situazioni in cui il bambino ha la possibilità di sperimentare le proprie capacità e lo spazio circostante e ha trovato sicurezza nel rapporto con gli adulti, soddisfazione dei bisogni primari e accudimento amorevole.

Ogni bambino *sa* quando iniziare una nuova serie di movimenti, per cui è inutile e dannoso costringerlo in posizioni che non è ancora in grado di assumere spontaneamente. Imporre al bambino delle posizioni per le quali non è o non si sente pronto vuol dire costringerlo a mantenere queste posizioni con un equilibrio tonico e muscolare disorganizzato, immobilizzandolo in parte o totalmente. Si impedisce cioè la sua autonomia, lo sviluppo di esercizi motori intermedi, la sua possibilità di *scelta strategica* del movimento, del coordinamento e dell'equilibrio. Intervenendo, di fatto si nega al bambino la possibilità di provare quella serie di movimenti attraverso i quali arriverà a sentirsi sicuro. Non lasciare il bambino libero di provare le sue possibilità, a lungo andare non solo non favorisce il suo sviluppo, ma può rallentarlo e disturbarlo.

FILOSOFIA DELLO SVILUPPO MOTORIO

Se si vuole mettersi in sintonia con i bisogni evolutivi del bambino occorre:

- godersi il bambino, la naturalezza e l'armonia del suo sviluppo;
- osservare la ricchezza e la variabilità sia del movimento che delle strategie motorie;
- rispettare il bambino, il suo stile individuale, i suoi ritmi;
- sapere che i bambini non hanno bisogno di aiuti, di esercizi, di insegnamenti ma di un ambiente adatto;
- sapere che i bambini fanno ciò che sanno fare... quando sono pronti;

- essere consci del fatto che imparare a cadere e a rialzarsi è una buona preparazione per la vita;
- considerare che se non ci sono interferenze da parte dell'adulto, il bambino apprende bene sia le proprie capacità sia i propri limiti;
- focalizzare l'attenzione più sul *come* (qualità) che sul *quando* (età);
- lasciare che il bambino prenda l'iniziativa: il modo in cui egli si muove e si organizza da solo è il più sicuro;
- usare appropriatamente le attrezzature in commercio per la prima infanzia.

La conquista delle abilità motorie

Nello sviluppo non ci sono tappe ben definite uguali per tutti, quanto piuttosto una notevole variabilità da bambino a bambino. Ad esempio, in genere s'impara a star seduti prima di *gattonare* (andare carponi), ma è possibile anche l'inverso; così come si sa che non tutti i bambini passano dalla tappa del gattonamento, prima di camminare. Vi sono però dei limiti in questa variabilità, per cui certe funzioni non possono essere apprese se altre prima non si sono consolidate, vedi ad esempio certe reazioni di equilibrio, preliminari indispensabili alla capacità di camminare, per cui non si può imparare a camminare se prima non si apprende bene la posizione seduta. Anche i tempi di acquisizione delle varie funzioni variano notevolmente da bambino a bambino (ad esempio mediamente si sta seduti verso i 6-7 mesi, ma alcuni bambini già lo fanno a 5 e altri aspettano i 9-10 mesi). Non deve quindi preoccupare un lieve "ritardo", o presunto tale, nell'acquisizione di certe capacità. Conta più la qualità delle diverse funzioni e la loro progressione che non i tempi delle loro acquisizioni.

La conquista delle abilità motorie fondamentali avviene mediamente nei primi 18 mesi; seguirà un raggiungimento di autonomia motoria sempre maggiore che permetterà al bambino (con la deambulazione sempre più sicura) di muoversi nell'ambiente senza dover ricorrere all'aiuto degli altri e, una volta che le mani sono state liberate con la conquista della stazione eretta, di manipolare gli oggetti in maniera sempre più precisa e accurata.

LE TAPPE DELL'ACQUISIZIONE DELLE ABILITÀ MOTORIE	
Nascita-3 mesi	• In questa prima fase dello sviluppo motorio la tappa fondamentale è l'acquisizione del controllo della testa. • La capacità di sostenere la testa si acquisisce seguendo un preciso percorso: dal sollevamento del mento (quando il bambino si trova sdraiato sulla pancia), al sollevamento di testa e spalle per qualche istante e quindi all'appoggio sugli avambracci tenendo sollevata la testa. • Sdraiato sul dorso, il piccolo muove simmetricamente braccia e gambe.
3-4 mesi	• In posizione supina sgambetta energicamente allungando le gambe. • Quando lo si solleva per farlo stare seduto, il dorso è più sostenuto e meno incurvato. • Fa tentativi di manipolazione degli oggetti. • Segue con gli occhi gli oggetti (collaborazione visivo-motoria).
4-6 mesi	• Disteso sulla pancia comincia a poggiarsi sulle mani aperte, con le gambe ben distese (sta maturando la capacità di rotolare). • Posto sul dorso può muoversi e sgambettare vivacemente. • Collabora quando lo si mette a sedere, anche se ancora l'ipotonia del dorso lo fa stare curvo. Da seduto tiene il capo ben eretto e riesce agilmente a girarlo da ambo le parti. • Cerca di afferrare gli oggetti utilizzando le ultime tre dita (mignolo, anulare, medio) e la parte del palmo della mano corrispondente. • Alla fine di questa fase comincia a servirsi di un primitivo sistema di spostamento: facendo leva su avambracci e gambe riesce a muoversi strisciando.
6-9 mesi	• Sta seduto, inizialmente solo se aiutato, appoggiandosi in avanti con le mani aperte, poi con maggior equilibrio, fino a poter fare a meno dell'appoggio. Alla fine di questo trimestre riesce a star seduto senza appoggio. • Rotola spontaneamente. • Comincia a sperimentare la posizione carponi e gradualmente la conquista sollevandosi sulle ginocchia e sperimentando la coordinazione di movimenti delle braccia e delle gambe. →

LE TAPPE DELL'ACQUISIZIONE DELLE ABILITÀ MOTORIE	
10-13 mesi	• Se messo in piedi sorretto, le gambe reggono efficacemente il peso. • Afferra gli oggetti con prensione a pinza, cioè con pollice e indice. • Si sposta carponi. • Si alza in piedi con un appoggio e grazie a esso riesce a mantenere la posizione eretta. • Inizia, anche se con scarso equilibrio, a tentare i primi passi. In principio, con appoggio, tenta passi laterali; quindi sperimenta passi da solo. • La prensione si perfeziona: fra pollice e indice può afferrare piccoli oggetti.
15-18 mesi	• Cammina da solo: il bambino comincia a compiere i primi passi senza aiuto esterno. Questa fase (così come le precedenti di strisciamento e andare carponi) vede notevoli differenze individuali sia di tempo che di modalità di attuazione. • I primi passi sono incerti e i movimenti ancora non coordinati efficacemente. Il bambino alza il piede molto più in alto del necessario, il corpo è piegato in avanti, le braccia sono tenute lontane dal corpo per mantenere l'equilibrio e l'andatura avviene a scatti. Sono frequenti anche le cadute. Eppure il bambino solitamente si mostra felice e ripete continuamente questa nuova, per lui meravigliosa, conquista. Camminare da solo dà al bambino la percezione di un raggiungimento di autonomia importante. Con la deambulazione i suoi spostamenti non dipendono più dagli altri, ha finalmente le mani libere per utilizzarle nelle manipolazioni e nell'afferrare gli oggetti che desidera, si sente libero di esplorare l'ambiente a suo piacimento.
2 anni e mezzo-3	• È capace di salire le scale. • Si orienta con sicurezza negli spazi conosciuti: abitazione propria e di parenti, asilo nido ecc.
3-4 anni	• È capace di saltare con una gamba sola (salta la corda). • Alterna i piedi scendendo le scale. • Sa afferrare una palla lanciata. • Sa vestirsi da solo, abbottona gli abiti.
4-6 anni	• È capace di saltare alternando i piedi. • Sa camminare mettendo il tallone davanti alla punta del piede. • Sa scavalcare un ostacolo. • È capace di afferrare una palla che abbia rimbalzato. • È capace di allacciarsi le scarpe.

L'orientamento spaziale e lo schema corporeo

La conoscenza dello spazio deriva dalla conoscenza del proprio corpo. Ma è anche vero il contrario: è la conoscenza dello spazio che determina la conoscenza del proprio corpo.

Il processo è messo bene in evidenza dalle fasi che si susseguono, dalla lateralizzazione alla percezione della non sovrapponibilità speculare.

Il fenomeno fondamentale che si osserva nello sviluppo dell'uso delle mani è la *lateralizzazione,* cioè la scelta di una mano *preferita* per le attività manuali e quindi la distinzione tra la mano attiva e l'altra mano, quella *equilibrante.*

La lateralizzazione conduce progressivamente alla conoscenza della *lateralità,* prima della propria e quindi di quella altrui. La lateralità permette l'orientamento selettivo dello spazio: permette ad esempio di collocare gli oggetti in una posizione destra o sinistra rispetto a se stessi. La lateralizzazione comincia a osservarsi durante il 1° anno di vita ma si conferma stabilmente solo molto tempo dopo: a 2-4 anni.

Verso i 5-6 anni il bambino capisce di avere una destra e una sinistra ai lati dei corpo. Ed è solo fra gli 8 e i 9 anni che riconosce con precisione la parte destra e la parte sinistra del suo corpo, nella totalità e nelle singole parti.

La *percezione della non sovrapponibilità speculare è il saper cogliere* la proprietà di un oggetto di non poter essere sovrapposto alla propria immagine in uno specchio (quella che si chiama *la proprietà simmetrica rispetto a un piano*: le nostre mani, ad esempio, non sono sovrapponibili specularmente). Questa percezione segue una evoluzione specifica. Sembra provenire dalla manipolazione degli oggetti e dall'orientamento nell'ambiente di forme e oggetti. Essa viene via via maturando, attraverso prove ed errori, nelle azioni quotidiane: scambio di scarpe, confusione dei guanti e delle maniche ecc., che portano progressivamente alla constatazione di differenze costanti.

Esistono stretti rapporti fra gli apprendimenti verbali, la scrittura e l'orientamento spaziale. Molto spesso nei primi anni della scuola la correzione di specifici errori nella scrittura o nella lettura richiede un lavoro sul corpo del bambino che punti a migliorare il suo orientamento spaziale, piuttosto che compiti di tipo "scolastico", quali ripetitivi esercizi di lettura e scrittura.

Questo fa capire quanto sia importante in queste prime fasi dare spazio e qualità alle esperienze motorie ed esplorative del bambino, per porre delle valide basi ai successivi apprendimenti scolastici, rispettando questo tempo della motricità, senza inutilmente cercare di anticipare i tempi della scolarizzazione, talvolta con discutibili "metodi miracolosi" per l'apprendimento precoce della scrittura (metodi che non tengono conto della globalità del bambino e dei suoi tempi di maturazione).

La conquista di un corretto orientamento spaziale va di pari passo con lo sviluppo dello *schema corporeo,* inteso come la capacità di organizzare le percezioni e le sensazioni relative al proprio corpo, costruendo una sorta di quadro di riferimento interno, mediante il quale ogni parte del proprio corpo è situata in rapporto alle altre. È proprio l'organizzazione delle sensazioni, e questo quadro di riferimento interno che ne deriva, che ci permettono di costruire uno schema di riferimento e di organizzazione del mondo esterno (cioè degli oggetti e delle persone).

Il concetto di schema corporeo è piuttosto complesso e articolato. Può essere inteso come *immagine* o come *vissuto* del proprio corpo. Fondamentale nella costituzione dello schema corporeo è la conoscenza dello spazio e il suo rapporto interno-esterno con il corpo.

Lo schema corporeo si costituisce lentamente; nel suo divenire, estrema importanza è assunta dal mondo relazionale che il bambino ha la possibilità di instaurare. Gli altri (soprattutto gli adulti) condizionano la completezza o meno dello schema corporeo nel bambino, con la qualità del loro rapporto, con i divieti o la spinta alla ricerca personale, con l'offerta di sicurezza/fiducia o, al contrario, con l'instaurare meccanismi di sfiducia/insicurezza. Sono proprio i rapporti con gli altri, i fattori emotivi, le necessità biologiche, che condizionano e *producono* lo schema corporeo.

Il controllo degli sfinteri

Il controllo sfinterico non è innato ma si acquisisce secondo precise tappe a partire dalla fine del 1° anno sulla base della maturazione neuropsichica.

I tempi di passaggio da una tappa a quella successiva sono variabili da bambino a bambino perché dipendono dall'influenza di molteplici fattori, sia ambientali che relazionali. Il controllo degli sfinteri procede anche legato a un adeguato sviluppo del linguaggio: infatti il bambino deve essere in grado non solo di riconoscere il bisogno fisiologico e di trattenerlo, ma deve anche essere in grado di esprimerlo.

Per poter iniziare ad abituare il bambino all'uso del vasino, cioè a fare a meno del pannolino, è dunque necessario attendere almeno che abbia raggiunto l'età in cui la maturazione neuropsichica sia tale da permettergli un controllo volontario degli sfinteri, pur se parziale. Farlo prima è inutile e rischia di generare ansie e conflitti che possono protrarsi anche per lungo tempo.

Il controllo degli sfinteri, ripetiamo, non è presente dalla nascita (nei neonati un riflesso spinale fa in modo che la vescica si svuoti quando è piena e un riflesso a seguito della dilatazione dell'ampolla rettale determina l'evacuazione delle feci).

Sotto il profilo neurovegetativo il controllo degli sfinteri si raggiunge verso l'anno di età. Inizialmente viene acquisito il controllo dello sfintere anale (controllo delle feci), consolidato mediamente fra i 18 e i 24 mesi; segue il controllo dello sfintere uretrale (controllo dell'urina), in una prima fase solo durante il giorno poi, nei mesi successivi, anche di notte. È in quest'epoca quindi che è consigliabile iniziare a proporre l'abbandono del pannolino, con la dovuta gradualità, senza porsi date e mete obbligate. È bene sapere anche che una volta acquisito il controllo degli sfinteri non è detto che a momenti non possa essere perso; a lungo (anche fino ai 5-6 anni) sarà comunque una conquista instabile: il controllo potrà essere momentaneamente perso a causa di eventi anche apparentemente poco significativi per l'adulto, come malattie, cambiamenti ambientali o familiari.

Alla luce di queste conoscenze lascia estremamente perplessi e critici l'attuale moda che si va diffondendo di educare il bambino all'uso del vasino (e quindi al controllo sfinterico) da subito, dai primissimi mesi di vita (la cosiddetta pratica del "senza pannolino"): è contro ogni conoscenza dello sviluppo neurologico ed è oltretutto a rischio, come ampiamente segnalato dai neuropsichiatri infantili. Se il bambino infatti non è pronto e maturo strutturalmente è meglio evitare di forzarlo all'autonomia: costringerlo a "far da sé" quando ha ancora bisogno di accudimento e apprendimento potrebbe ingenerare comportamenti problematici in seguito (tipico quello del trattenimento a oltranza delle feci o stipsi ostinata).

Attenzione però: se da un lato è importante non richiedere troppo presto al bambino l'acquisizione di abitudini che non può assicurare per immaturità neurologica, dall'altro è opportuno aiutarlo e incoraggiarlo nell'apprendimento delle nuove abitudini sincrone con la sua maturità, senza indugiare o rinviare nella speranza di evitare lo scontro con gli inevitabili inconvenienti dell'apprendistato (pipì addosso, a letto ecc.).

Oggi, nell'epoca del pannolino usa e getta, il rischio è quello di assistere a un ritardo spesso eccessivo nel far misurare il bambino con questi ineluttabili apprendimenti. Quando questo tipo di pannolino non esisteva, più o meno tutti i bambini arrivati ai 2 anni sapevano usare tranquillamente il vasino. Col passare degli anni si è innalzata sempre più l'età in cui si abbandona il fatidico pannolino:

oggi si fabbricano pannolini di misura king size, che assorbono *litri* di urina... e siamo già al pannolino "modello scuola materna"! La vera fatica per i genitori di oggi dunque non è più quella dell'antico carico di stoffa da lavare al fiume ma piuttosto quella dell'insegnamento: a questa non si può sfuggire perché c'è il rischio che a pagare la comodità e la rinuncia genitoriale sia il bambino stesso, in termini di minor autonomia e autostima.

Non è roba da bambini!

Occhio critico sull'industria per l'infanzia

Quando parliamo di oggetti per l'infanzia è bene chiarire che non si tratta di oggetti ideati per *aiutare* il nuovo nato ma di oggetti pensati per alleggerire la fatica dei genitori che hanno un neonato. In altri termini: box, girello, infant-seat... sono tutti strumenti creati dall'industria non con il fine di rispondere a specifici bisogni dei bambini né tanto meno di potenziarne le competenze, ma per offrire ai genitori strumenti che possano alleviare le fatiche dell'accudimento e sappiano distrarre e impegnare il figlio in qualcosa che lo occupi e lo tenga tranquillo, liberandoli così dal bisogno di essere costantemente a sua disposizione. Molti di questi strumenti nascono per facilitare la gestione del bambino: il suo trasporto (la fascia, la carrozzina, il passeggino, il seggiolino per auto) o la sua alimentazione, vedi il ricorso a cibi omogeneizzati e liofilizzati, anche questi pensati non per dare vantaggi nutrizionali ai bambini, ma per offrire risparmio di tempo agli adulti che se ne devono prendere cura.

Prodotti industriali che rispondono a esigenze genitoriali più che lecite, a patto però che si abbia sempre presente che non si tratta di prodotti da cui i bambini traggono vantaggi diretti, e che il loro uso deve essere appropriato e ben dosato nel tempo: il rischio infatti è che un uso improprio e prolungato, pur offrendo vantaggi ai genitori e quindi in definitiva determinando come conseguenza anche ricadute positive sul figlio (un genitore più riposato è anche più disponibile), esponga però quest'ultimo al rischio di significative deprivazioni nell'ambito dell'esplorazione e della sperimentazione.

Ma non ci sono solo gli oggetti facilitanti e recupera-tempo: l'industria produce anche un gran numero di prodotti la cui utilità è molto discutibile o che sono addirittura inadatti. Su questo tipo di produzione deve lavorare molto la pubblicità, per indurre e mantenerne il bisogno. Quando poi il campo di applicazione è la salute, è più facile costruire un mondo di falsi bisogni. Se l'occasione per far consumare e spendere è un neonato, tutto è più facile, soprattutto se lo si presenta come un essere fragile e delicato, facendo presa sul sacro concetto delle cure della mamma e sul programma del genitore medio del "farei tutto per lui". L'induzione del bisogno di acquistare si basa fondamentalmente su tre princìpi: problematizzare tutto, indurre nel genitore un marcato senso di sfiducia nelle proprie capacità e infine instillare, più o meno velatamente, ansie e paure in merito alla salute del bambino.

L'azienda specializzata si propone come risolutrice di piccoli/grandi problemi del genitore attraverso strumenti, marchingegni, apparecchiature, oggetti. Ma *oggettualizzare* gran parte dei problemi che possono crearsi fra un adulto e il neonato non è soltanto un processo non conveniente sul piano economico (nel senso che spinge i genitori ad acquistare una serie infinita di oggetti più o meno cari, e di utilità minima se non nulla): può essere anche fonte di distorsioni e di deprivazioni nella vita relazionale del neonato. Si distoglie, infatti, il genitore dai reali bisogni del figlio (contatti, rassicurazioni, sperimentazioni ecc.) esaudibili col normale accudimento quotidiano, spostando invece l'impegno e l'attenzione su operazioni e attrezzature il cui uso non soddisfa le esigenze primarie del bambino: un genitore dedito a un neonato tecnologico e consumista, ma reso più disattento a lui come persona e alle sue specifiche, antiche esigenze.

La disponibilità all'ascolto e all'interpretazione del pianto, il superamento degli stati d'ansia attraverso la cauta ma personale ricerca di soluzioni: tutto rischia di essere cancellato da un ben nutrito catalogo che, dopo aver elencato con abbondanza i problemi, illustra con arte l'oggettistica delle soluzioni "sane e ragionate".

Oggetti e accudimenti: i rischi per lo sviluppo

Per ogni fase dello sviluppo ci sono acquisizioni motorie e psichiche da raggiungere che attrezzature non idonee o specifiche pratiche di accudimento potrebbero ostacolare, allontanando tali traguardi evolutivi.

Durante il suo sviluppo il bambino infatti deve aver garantiti adeguati spazi, interazioni ed esperienze perché è grazie a questi che matura le sue capacità motorie, sensoriali, cognitive, emotive e sociali; l'utilizzo e/o l'abuso di certe attrezzature possono intralciare significativamente il processo di acquisizione di queste abilità.

La fasciatura (swaddling)

Oggi assistiamo al riemergere dell'antica pratica popolare della fasciatura del neonato, da noi abbandonata già dai primi decenni del Novecento, e rimasta in Occidente solo presso alcune popolazioni dell'area balcanica e mediorientale. Nel passato tutti i neonati venivano avvolti nelle fasce, con qualche rara eccezione, come il caso dei neonati spartani, che si racconta non venissero né fasciati, né cullati. In generale in tutto il mondo antico le fasce, insieme con il latte, erano il simbolo dei neonati.

La fasciatura era ritenuta utile a modellare il corpo del bambino, per riportare alla normalità quelle parti che si fossero deformate durante il parto o per risistemare un membro dislocato; inoltre la si credeva efficace a prevenire cattive posizioni del corpo, proteggendo le ossa fragili dei lattanti da una crescita disordinata.

Nonostante la fasciatura fosse stata abbandonata per le numerose considerazioni scientifiche che via via ne avevano evidenziato la negatività e la pericolosità, oggi si ripresenta sostenuta da nuove giustificazioni che la vorrebbero particolarmente indicata per la gestione e il contenimento del bambino. In realtà si tratta più di affermazioni "sentimentali" piuttosto che materia di scienza. Si sostiene ad esempio che i neonati amino essere fasciati, in quanto l'essere contenuti permette loro di ritrovare quei confini che sentivano di avere in utero, e che hanno perduto una volta nati.

In termini un po' romantici, i sostenitori così si esprimono: «La fasciatura permette un passaggio dolce da un ambiente uterino caldo, umido, avvolgente ed elastico a un ambiente terrestre freddo e luminoso» (una visione un po' pessimistica del mondo: la freddezza è tutta relativa; a noi piace pensare che la grande quantità di stimoli e di esperienze possibili fuori dall'utero rappresenti una calda e attraente novità per il neonato, più che un freddo lavoro da compiere!). La sensazione di dispersione che sperimentano i neonati se non gli si creano dei limiti fisici a contatto con il corpo è reale e può dare loro disagio, rendendoli inquieti, instabili, fino a creare veri e propri disturbi del sonno.

La fasciatura viene allora raccomandata per conciliare il sonno del bambino e aiutare i genitori a calmarlo e consolarlo. Sappiamo che la *chiusura sulla linea mediana* del bambino molto piccolo (soprattutto per certi bambini con immaturità neurovegetativa), cioè il raccoglierlo con gli arti accostati al tronco, favorisce il rilassamento attenuando quel senso di dispersione nello spazio che rende inquieto il bambino ancora incapace di raccogliersi spontaneamente. Quindi questa chiusura è un buon strumento di sedazione e di induzione del sonno. Ma è del resto pratica millenaria quella di chiudere il bambino sulla linea mediana (senza mai esserne stati coscienti prima che la scienza ce lo spiegasse), semplicemente accogliendolo nella nicchia delle braccia.

Prendere e accogliere in braccio è da sempre strumento tranquillizzante e rilassante. Per alcuni bambini, ancora particolarmente immaturi sul piano neurovegetativo, che si addormentano con difficoltà potremmo consigliare di contenerli per un po' avvolgendoli in un lenzuolino se non vogliamo accoglierlo fra le braccia; ma perché mai, forti di queste conoscenze, dovremmo imporre questo raccoglimento per tutta la giornata strizzandolo dentro a delle fasce? Ore e ore passate chiuso, immobile, impossibilitato a sperimentare lo spazio circostante e a mettercisi in relazione. Ma insomma, perché rimetterlo in utero dovrebbe essere un vantaggio? È già nato (e così ha previsto la natura) e non possiamo ritenere un criterio valido quello di imbalsamarlo dentro a delle fasce perché stia più calmo e dorma tanto... Allevare un figlio è sicuramente faticoso ma questa fatica non può essere scansata: mentre sperimenta, il piccolo andrà consolato, dovremo calmare i suoi pianti, prenderlo fra le braccia, ma non possiamo deprivarlo delle *sperimentazioni*. Solo provando e verificando le proprie funzioni e capacità si cresce e si diventa autonomi: questo ci dicono tutti gli studi e le più recenti conoscenze sullo sviluppo motorio e psicologico dei bambini.

Con la fasciatura la mamma riesce a mantenere un maggior contatto visivo con il bambino: e questo è innegabile dato che l'unica parte del corpo libera e quindi utilizzabile per relazionare rimane la testa e soprattutto gli occhi, ma questo non è certo un vantaggio! Sappiamo bene invece come sia tutto il corpo, la pelle, il grande strumento di relazione del neonato.

Alcuni addirittura consigliano di protrarre l'uso della fascia fino a circa 6 mesi di età del bambino, affermando che fasciare un bambino fino a questa età sostenga i muscoli della schiena e dell'addome aiutandolo fino a quando non sarà in grado di esprimere movimenti coordinati del tronco. Ma un uso corretto e completo delle varie strutture osteo-muscolari non può prescindere da una graduale sperimentazione da parte del bambino, e nessuna struttura diventa abile se mantenuta a riposo e inefficace a lungo.

Infine il grande pericolo che la fasciatura rappresenta riguarda la lussazione congenita delle anche. La lussazione congenita dell'anca (LCA) è uno dei più frequenti difetti dei neonati: si tratta di un complesso di anomalie di sviluppo dei componenti dell'articolazione dell'anca (ossa, tendini, capsula, legamenti) che, se non trattate per tempo, possono condurre a gravi problemi, come artrosi precoce e zoppia. È più frequente nel sesso femminile, nei primogeniti, nei nati da gravidanza con poco liquido amniotico, nei nati con presentazione podalica o in quelli che hanno altre anomalie, tipo piede torto. La diagnosi di LCA deve avvenire il più precocemente possibile, almeno entro i 3 mesi, prima cioè che il bambino punti i piedi e inizi a far leva sull'articolazione. Se individuata per tempo, la LCA guarisce in maniera completa nel 100% dei casi. Fondamentalmente il problema nasce dal fatto che l'acetabolo che accoglie la testa del femore può avere un tetto sfuggente cioè non essere maturato al punto giusto da contenerla quando questo ruota e la gamba viene avvicinata al corpo. Spesso nei bambini molto piccoli la maturazione di questo tetto non è completa, e tenere le gambe troppo serrate al corpo fa sì che la testa del femore possa marginalizzarsi troppo rispetto all'acetabolo che deve contenerla, rischiando di fuoriuscire e di mettersi in posizione di sublussazione, così che se il carico viene portato sull'arto si lussa del tutto. Ecco anche perché un pannolino che tenga le gambe del bambino ben divaricate assicura una protezione ulteriore. E quando si trovano ritardi maturativi (individuati attraverso lo screening ecografico praticato a tutti i neonati fra il 2° e il 3° mese di vita) si procede con l'ausilio di un doppio pannolino (o di un vero e proprio divaricatore a seconda della gravità dell'immaturità).

Detto tutto questo si capisce come la stretta fasciatura che mantiene le gambe serrate al corpo sia un altissimo fattore di rischio per tutti i neonati, ma soprattutto per quelli con l'acetabolo ancora in via di maturazione.

Basterebbero queste considerazioni per far abbandonare definitivamente l'uso della fasciatura, facendola ridiventare solamente un'abitudine storica da inserire il quel folto gruppo di pratiche popolari che, per quanto rivestite del fascino "del tempo che fu", la scienza ha dimostrato scorrette e dannose.

La fascia da trasporto

Si tratta di una striscia di stoffa che il genitore avvolge intorno al proprio corpo; ha una dimensione che varia a seconda del tipo e della marca, ma che si aggira tra i 50 e i 60 cm di larghezza e i 5 e 6 m di lunghezza; il materiale con cui viene realizzata è principalmente cotone elasticizzato. Viene utilizzata dalla nascita fino anche ai 3 anni di età.

A seconda dell'età del bambino consente diverse posizioni: per i primi mesi si consiglia la posizione rivolta verso la mamma, poi il bambino può essere rivolto verso l'esterno. Ha il vantaggio che scarica il peso sulla spalla con un appoggio più largo e quindi distribuisce il carico più diffusamente sul corpo materno rendendo il trasporto meno faticoso.

Consente la libertà delle mani del genitore e mantiene il bambino più alto rispetto ad altri sistemi di trasporto, il che è certamente positivo pensando ai livelli di inquinamento nelle nostre città (il livello di particelle inquinanti per effetto della sedimentazione cresce via via che ci si avvicina al suolo). Tutti questi sono vantaggi inconfutabili ma il grande successo che ha avuto l'uso di questo strumento di trasporto non è tanto legato a essi, quanto piuttosto a tutta una serie di dichiarati vantaggi sullo sviluppo relazionale/affettivo che questo strumento apporterebbe al bambino e sui quali occorre fare un po' di chiarezza.

Prendiamo in esame una serie di affermazioni che si ritrovano, sia nei depliant informativi commerciali che su vari libri comparsi negli scaffali delle librerie, a sostegno di quest'uso della fascia.

Si afferma che la fascia facilita la comunicazione tra genitore e bambino. È vero che la comunicazione nell'età neonatale è prevalentemente corporea e quindi un contatto pelle a pelle ha un valore comunicativo insostituibile.

Ma dov'è il "pelle a pelle" con la fascia? Sembra piuttosto una *costrizione,* ferma e immutabile (privata quindi delle tante modulazioni del linguaggio corporeo) con messaggi mediati da tute, golf, magliette ecc. L'effetto positivo del contatto cutaneo è stato descritto dettagliatamente già cinquant'anni fa: Montagu, nella sua opera citata, *Il tatto,* sottolinea l'importanza del contatto fisico per lo sviluppo del bambino.

Un'efficacia ormai documentatissima, tanto che l'Organizzazione Mondiale della Sanità ha affermato che la marsupio-terapia, cioè tenere i neonati sul petto nudo di mamma o papà per un tempo prolungato, è efficace per il controllo della temperatura, per l'allattamento e l'attaccamento in tutti i neonati, indipendentemente dal luogo di nascita, dal peso, dall'età gestazionale e dalle condizioni cliniche. Ma appunto si parla di *petto nudo* che è tutt'altra cosa. Una cosa è il "pelle a pelle" quando ad esempio si allatta, un po' svestiti e nella libertà delle possibili varianti delle posizioni corporee, una cosa è l'"incollamento" imposto dalla fascia.

Altra affermazione a favore della fascia: "il calore costante della madre aiuta la termoregolazione dei neonati". Non è vero: il calore della madre (e della fascia, che non è poco soprattutto durante i climi estivi, col rischio anche di un surriscaldamento!) non aiuta la termoregolazione, la sostituisce, mettendo a riposo quella del bambino. Ma questo riposo si paga: il bambino impara a termoregolare proprio perché ne sperimenta i meccanismi, giorno dopo giorno; se qualcuno termoregola al posto suo non imparerà mai a far da sé, e questi apprendimenti non si possono iniziare a fare da un certo punto della vita in avanti, ma da subito, cioè da quando si abbandona l'ambiente protetto dell'utero.

Altra tematica: "il neonato nella fascia tiene la distanza di 20-30 cm dal viso della madre, ciò gli permette di osservarla, considerando che la sua vista è limitata nei primi mesi di vita". Questa è una lettura ribaltata della fisiologia della visione. Non è che i neonati hanno una vista difettosa e per questo riescono a mettere a fuoco solo a una ventina di centimetri, e quindi tutto il mondo, se vogliamo che lo colga, gli va messo a questa distanza! Il fatto è che noi vediamo ciò che la corteccia cerebrale elabora dei messaggi che riceve dall'occhio attraverso il nervo ottico: ciò vuol dire che c'è un *interesse* visivo che attiva la funzione sulla base della convenienza.

Il neonato vede meglio (cioè mette a fuoco) a 20-30 cm di distanza perché a quella distanza compie le esperienze iniziali più significative (come l'allattamento); è una distanza interessantissima, a quella distanza sperimenta subito che si sopravvive: si mangia! Ma sarà in grado e gli *converrà* mettere a fuoco altre distanze via via che avrà interesse a focalizzare il mondo circostante più lontano. Ad esempio: l'adulto è così interessante per il neonato che gli converrà metterlo a fuoco e poterlo seguire con lo sguardo anche quando si allontana.

Se vogliamo far crescere il bambino anche dal punto di vista della funzione visiva, dobbiamo dargli le occasioni per avere interesse al mondo circostante e non fermarlo ai pochi centimetri, cosa che già sa fare.

In conclusione, confermando i benefici rispetto alla sua praticità ma ridimensionando i presunti vantaggi offerti da questo mezzo di trasporto, possiamo affermare che l'uso della fascia può rappresentare un fattore di rischio per lo sviluppo delle competenze del bambino quando fosse eccessivo e protratto nel tempo.

Pur dando il vantaggio al genitore di avere un bambino tranquillo e più facilmente addormentato (vedi quanto detto a proposito della fasciatura rispetto al raccoglimento sulla linea mediana), la fascia rischia di far pagare al bambino stesso questi benefici genitoriali per l'alto prezzo che comporta l'immobilismo sia motorio che esperienziale e relazionale, oltre che neurovegetativo.

Il marsupio

Si tratta di un'altra attrezzatura utilizzata per trasportare il bambino e rappresenta un'alternativa probabilmente più valida rispetto alla fascia, dal momento che mantiene gli stessi vantaggi di praticità d'uso (vedi la minor fatica fisica e la migliore gestione nel trasporto) senza però immobilizzare il bambino per ore, consentendogli non solo un contatto corporeo col genitore meno statico, ma anche un buon lavoro muscolo-tendineo perché resta comunque abbastanza *libero* nella struttura che lo contiene.

All'interno del marsupio infatti il neonato, non essendo completamente bloccato come lo è invece nella fascia, è costretto a mantenere un certo equilibrio perché, nonostante sia del tutto assicurato con le cinghie al genitore, i suoi muscoli devono svolgere un costante lavoro di adattamento alla camminata e ai vari spostamenti del corpo dell'adulto che lo sostiene.

Ogni spostamento del baricentro richiama un riflesso dei nervi e dei muscoli, e un loro riadattamento equilibrativo (postura dinamica). Tutto questo dà un piccolo ma significativo e irrinunciabile contributo iniziale alla conquista della postura dinamica che si completerà negli anni, cioè di quella capacità di gestire il corpo nei suoi spostamenti contrastando la gravitazione terrestre, senza perdere l'equilibrio e compiendo movimenti fluidi e coordinati.

L'equilibrio è uno dei sensi che si sviluppano per primi e ha una grossa importanza per la gestione dinamica del corpo nello spazio. Esistono numerosi studi che invitano a utilizzare la stimolazione dell'equilibrio nei bambini molto piccoli per aiutarli a superare difficoltà motorie ed evolutive: l'effetto positivo di essere mossi viene ad esempio sfruttato in diverse cliniche per incentivare lo sviluppo di bambini nati prematuri o sottopeso. A Chicago adoperano materassi ad acqua nelle incubatrici; nelle cliniche svedesi utilizzano amache.

Il marsupio consente dunque di portare in collo il bambino senza l'uso delle braccia ma non in termini così assoluti. Ad esempio il bambino molto piccolo necessita comunque del contatto e del sostegno delle mani del genitore per non "perdersi" nella struttura, accogliente sì ma non bloccante. Questo può essere letto come uno svantaggio per il genitore ma è certamente un vantaggio per il bambino, che così gode di una comunicazione corporea più articolata e personalizzata.

Comunque, quale più quale meno, tutti gli oggetti concepiti per il trasporto del bambino limitano le sue esperienze esplorative e motorie e il loro uso è da destinare quindi al solo spostamento e per tempi ragionevolmente brevi.

La carrozzina

È un mezzo di trasporto oggi un po' in disuso, per due motivi. Uno di ordine pratico: i marciapiedi delle nostre città sono ormai sempre più stretti, affollati, poco praticabili; l'altro di natura culturale: il continuo e pressante invito che oggi si fa ai neogenitori di vivere "fisicamente" il rapporto col loro bambino, soprattutto nei primi mesi di vita, tenendolo il più possibile a contatto col loro corpo, ha svalutato questo strumento di trasporto facendogli preferire marsupi e fasce.

La carrozzina presenta comunque dei vantaggi, quali quelli di un sonno meno agitato, di un minor rischio di surriscaldamento che può generarsi a contatto col corpo dell'adulto, in particolare durante il periodo estivo, a quello, infine, di liberare un po' la mamma, che quando esce col bambino non deve necessariamente rivivere l'ingombro della pancia, come durante la gravidanza (per il padre è comunque una novità!).

Quello che è importante non è tanto imporre al genitore il contatto relazionale al momento delle uscite: serve che il genitore sappia quanto è utile e importante farlo, ma sta a lui decidere come e quando, gestendosi in tutta liberta il bambino e la sua giornata.

Il seggiolino per il trasporto in auto

Non è una scelta opzionale ma assolutamente obbligatoria se si decide di trasportare il bambino con un autoveicolo. Non solo infatti lo suggerisce il buon senso, che impone di salvaguardare la sicurezza del bambino, ma è anche imposto dalla legge: è infatti uno dei dispositivi di sicurezza (assieme alle cinture) ritenuti obbligatori dal codice della strada, anche per brevi spostamenti. In particolare il codice della strada indica come obbligatori sistemi di ritenuta per soggetti di età inferiore a 12 anni o comunque più bassi di 150 cm di altezza.

Dobbiamo però porre grande attenzione al modo con cui si usano questi sistemi, perché oggi rappresentano uno dei maggiori ostacoli presenti nella vita quotidiana dei bambini a un corretto interagire e relazionarsi con l'ambiente.

Il problema nasce proprio dalle caratteristiche di questo seggiolino la cui funzione è quella di bloccare quanto più possibile il corpo del bambino, non consentendone spostamenti in caso di urti o di brusche frenate (spesso è accessoriato con cuscini a U che bloccano ancora più stabilmente il bambino). Solo se immobilizza senza deroghe il bambino, questo seggiolino svolge bene la sua funzione. È chiaro allora che in questa struttura il bambino deve passare meno tempo possibile a salvaguardia del suo assoluto bisogno, invece, di muoversi, spostare gli arti, cambiare posizione, esplorare l'ambiente, relazionarsi con l'adulto: tutto questo nel seggiolino per auto è ovviamente impossibile!

A peggiorare l'utilizzo di questo strumento, le ditte costruttrici hanno creato seggiolini per auto che possono essere agganciati e sganciati dal sedile con estrema facilità (e spesso possono anche essere montati su un supporto con ruote divenendo un vero e proprio passeggino), oltre ad averli muniti di una robusta maniglia per il trasporto: ciò ha fatto sì che il bambino oggi si ritrovi a passare molto tempo in questi contenitori, ben oltre il viaggio in auto. Per passeggiare, spostarsi da una casa all'altra, quando viene portato dal dottore, e se si è addormentato potrà seguitare a dormire all'interno del sedile anche a casa. E poi ancora per giocare, per mangiare... insomma ore e ore assai più che semplicemente contenuto ma piuttosto bloccato (e per sicurezza anche saldamente fermato con solide cinghie imbottite), vedendosi così impedita ogni esplorazione. Oltretutto, quando è in questo seggiolino, viene trasportato a una altezza di pochi centimetri da terra con ulteriori inconvenienti: maggior esposizione ai gas di scarico delle automobili e agli altri inquinanti che sedimentano e, su tutt'altro versante, lontananza dal genitore con assenza di contatto visivo e fisico.

La sdraietta

Si tratta di una seggiolina reclinabile, tanto da poter accogliere bambini anche molto piccoli, incapaci ancora di star seduti senza un appoggio (ancora non maturi cioè nel controllo dei movimenti della testa e dei muscoli della colonna vertebrale).

Tanto più il bambino è piccolo, tanto più la seggiolina andrà reclinata, per poterlo così accogliere senza che ciondoli e caschi da tutte le parti, o si raccolga scomodamente su se stesso. A tal fine oggi queste seggioline sono dotate di cuscini a rullo aggiuntivi o di riduttori che le adattano al bambino piccolissimo, contenendolo ulteriormente.

Via via che egli cresce, la sdraietta si raddrizza, per diventare poltroncina quando il bambino, a 6-7 mesi, sarà meglio in grado di controllare la posizione seduta. Esistono diversi modelli di questo tipo di seduta, che vanno dall'*infant-seat* (poltroncina di plastica rigida) alla sdraietta (in stoffa, con il telaio di metallo), ai modelli transit, alla poltroncina da usare anche in automobile, alla seggiolina da applicare direttamente al tavolo. I bambini in genere mostrano di gradirla molto. Poter star seduti molto prima di quanto avrebbe previsto l'evoluzione e la normale maturazione motoria, dà il vantaggio di godere prestissimo dei vantaggi offerti da quella posizione: mani libere, migliore visione dello spazio circostante, maggior possibilità di partecipare alla vita dell'adulto. E tutto questo senza che il bambino debba fare lo sforzo di apprendere l'uso del proprio corpo, lavorando per superare le proprie iniziali inabilità. Insomma, è come vivere "gratis" già all'età di 1 o 2 mesi esperienze possibili solo a 7-8.

È chiaro che il neonato sta più tranquillo nell'infant-seat piuttosto che in una carrozzina, magari rivolto verso un noioso e monotono soffitto bianco, dove l'unica variante possibile è l'affacciarsi del volto di un adulto dopo un susseguirsi di richiami e di pianti! Ma anche quest'oggetto può avere un costo per il bambino. E i costi possono essere anche alti, proporzionati al numero di ore passate immobilizzati in questo contenitore. Passare giorni, o addirittura mesi, senza far lavorare la colonna e i suoi muscoli, è sicuramente una grande perdita di esperienze insostituibili che il bambino rischia di pagare nelle sue abilità motorie future e comunque globalmente, in tutta la strutturazione della sua persona.

Il box

È un oggetto che per molti anni ha rappresentato il luogo principe di stazionamento del bambino per i primi mesi: di solito vi rimaneva fino a quando non diveniva capace di arrampicarsi sulla rete, rischiando spesso, nel tentativo di uscirne, pericolose cadute per ribaltamento.

Oggi è forse l'oggetto più criticato, anche dagli stessi genitori, che lo vedono un po' come una prigione, e quindi è caduto in disuso. Lo si ritrova comunque ancora in un buon numero di case dove ci sono bambini piccoli.

Questo arredo è un po' il simbolo di una sorta di conflitto di interessi fra gli adulti e il bambino in crescita: per i genitori è un luogo sicuro dove può stazionare senza controllo e quindi dove lo si può lasciare da solo per potersi dedicare ad altro; per il bambino è un luogo di limitazione ed evidente restringimento dei propri desideri/bisogni sperimentali ed esplorativi.

In effetti gli ambienti domestici sono generalmente così ricchi di pericoli per i bambini che il box sembra rappresentare l'unica soluzione per proteggerlo... anche se il problema viene solo rimandato: prima o poi dovrà uscire dal box e si riproporrà ancora più urgente il problema dei pericoli.

Quindi il consiglio ai genitori è quello di rendere sicura la casa prima ancora che il bimbo nasca: il periodo dell'attesa è sufficientemente lungo per avere il tempo di mettere in sicurezza i vari ambienti. Ovviamente non sarà possibile arrivare al punto che tutta la casa sia messa in assoluta sicurezza: vi saranno per forza spazi dove comunque il bambino dovrà muoversi sotto attenta osservazione dell'adulto.

Se però la sua camera o comunque un piccolo angolo della casa viene rielaborato, ripulito dalle minacce e ristrutturato in termini tali da consentirgli tentativi autonomi di ricerca della stazione eretta e di spostamento, questo consentirà di fare a meno del box che, per quanto sia un luogo sicuro in termini di prevenzione dei traumi non lo è affatto sul piano della facilitazione della conquista delle fasi dello sviluppo.

Sono due fondamentalmente le limitazioni che il box pone al bambino: una riguarda le scarse possibilità che offre di sperimentare lo spostamento orizzontale; l'altra è la lontananza che crea con l'adulto che si avvicina e si interessa a lui: le alte sponde impediscono all'adulto di mettersi al livello del bambino, di rendersi quindi ben visibile e toccabile. L'unica possibilità d'interazione con l'adulto che il box offre al bambino è quando lo si tira fuori e lo si prende in braccio.

Il girello

Nonostante operatori di professionalità diversa siano tutti concordi sul fatto che l'uso del girello rappresenti una minaccia per il corretto sviluppo del bambino e raccomandino ormai da tempo di non usarlo, negozi e cataloghi di prodotti per l'infanzia ne sono ancora ben forniti, mettendo per altro a disposizione modelli sempre più belli e attraenti, che ovviamente poi vengono regolarmente acquistati.

Il bambino che inizia a camminare è decisamente faticoso per l'adulto che lo deve seguire e tutelare: perde continuamente l'equilibrio, vorrebbe conquistare lo spazio circostante e non riesce che a fare pochi passi. Facilmente cade e rischia di farsi male, piange, esige aiuto e conforto.

E così, secoli fa nacque l'idea di costruire una struttura con due assi parallele alle quali il bambino poteva appoggiarsi con le mani e mantenersi in equilibrio, conquistandosi da solo tutto il percorso compreso nella lunghezza delle assi. Ma c'erano due inconvenienti: alla fine del percorso bisognava andare a girare il bambino nel verso opposto per farlo ripartire e spesso, durante il cammino, si verificavano cadute. Venne quindi aggiunto un cerchio di legno che conteneva il bambino sostenendolo e che scorreva fra le due assi dentro delle guide: risolto il problema della caduta, rimaneva la necessità di girare il bambino alla fine del percorso. In un guizzo di genialità, a qualcuno venne in mente di realizzare un percorso circolare, senza inizio né fine: una liberazione per il genitore stanco. Il top si raggiunse quando, superata l'idea delle assi, si creò un appoggio circolare, munito di ruote snodate, che circondava e seguiva il bambino. Così non c'erano più limiti all'esplorazione autonoma, se non quelli di gradini, bordi, precipizi, terrazzi non protetti ecc.

Fino a questo modello di girello la perdita per il bambino consisteva nel rinunciare alle piacevoli suggestioni e rassicurazioni che passano attraverso le mani di un adulto che sostiene, riprende, stimola; in cambio però il genitore era meno stanco e nervoso, e il nonno più attivo perché meno sopraffatto dal mal di schiena. Alla fine il bilancio era in pareggio.

Sul finire dell'Ottocento si pensò di stringere il cerchio, consentendo l'uso del girello a bambini ancora incapaci di sostenersi in piedi, quasi appendendoli sotto le ascelle a questa strettoia. Ma i medici segnalarono danni per compressione di nervi e vasi. Ecco allora l'idea geniale e moderna: aggiungere un sedile al centro che consenta di infilare nel girello bambini che sanno a malapena star seduti, e migliorare le ruote con buoni cuscinetti a sfera, sì che possa bastare lo sfregamento della punta dei piedi sul terreno per assicurare lo spostamento. E così l'uomo tecnologico inventa una tappa evolutiva nuova: il cucciolo si siede e, strusciando la punta dei piedi, inizia un'imprevista, affascinante, facile, veloce esplorazione dello spazio circostante. Un bambino di 6 mesi che, seduto, può girare per tutta la stanza, perché mai dovrebbe sforzarsi per apprendere una buona posizione eretta, il difficile alternarsi dei movimenti per spostarsi senza perdere l'equilibrio, l'alternanza e il coordinamento dei movimenti degli arti, come hanno fatto per millenni i suoi antenati? Perché non approfittare dei vantaggi della tecnologia? Perché è scritto nei suoi cromosomi che deve fare un certo tirocinio: questa scrittura è così potente che nessuna interferenza umana può sovvertirla, neanche inventando strane esperienze motorie.

È certo allora che il girello non aiuta il già difficile percorso evolutivo del bambino e spesso anzi lo ritarda sensibilmente, e non solo sul piano motorio, dal momento che nel bambino piccolo un ritardo in un settore si porta quasi sempre dietro ritardi in altri settori collegati.

Descrivendo più nel dettaglio in quali punti si esprime l'influenza negativa di questo oggetto sulla motricità, vediamo che ostacola lo sviluppo delle reazioni di equilibrio, del saper cadere, e delle conoscenze dei propri limiti. In altri termini, mettere il bambino nel girello significa non rispettare e non favorire la maturazione armonica tra capacità cognitive e sensoriali, desiderio di muoversi e reali capacità motorie. Va anche detto che il girello può essere un pericolo anche per il rischio che comporta di andare a sbattere contro mobili, vetrate o di rotolare da scale e pianerottoli. S'impara comunque a camminare, nonostante il girello, ma con quanta fatica in più!

Nell'aprile del 2004 il Governo Federale canadese ha imposto il divieto immediato alla vendita, alla pubblicità e all'importazione dei girelli.

Il passeggino

Oggi esistono passeggini molto tecnologici, capaci di trasformarsi via via che il bambino cresce: reclinabili, con adattatore, sostegni laterali ecc. Si può iniziare ad adoperarlo dal 3°-4° mese, utilizzando supporti che garantiscano l'allineamento della colonna vertebrale, ma soprattutto la stabilizzazione (sostegni laterali al tronco, per rendere a misura del bambino la larghezza dello schienale e sostenere bene la colonna vertebrale): è importante garantire al bambino piccolo una buona stabilità corporea perché, liberato dal problema della stabilità, privilegia le attività visive e relazionali. Ma la grande adattabilità del moderno passeggino fa sì che possa essere utilizzato come mezzo di trasporto del bambino anche fino all'età di 5 o 6 anni.

Anche per questo oggetto si ripropone dunque lo stesso tipo di problema: troppa adattabilità e trasformabilità ne consentono un uso prolungato nel tempo, addirittura negli anni, uso di cui è facile approfittarsi dato che è comodo e finisce per essere una rapida soluzione al bambino che non ha voglia di camminare. È il genitore stesso che il più delle volte preferisce usare il passeggino ("si fa prima"), piuttosto che avere la pazienza di adattare tempi e percorsi al bambino che ovviamente, ancora incerto, nel suo primo camminare richiede tempo e disponibilità. E naturalmente chi ne soffre è il bambino stesso, deprivato di esperienze e di pratica motoria.

Parte terza

La complessità del mondo relazionale

Costruire relazioni

Il volto e la voce umani costituiscono forti poli di attrazione per il neonato. Nasciamo per incontrare altri esseri umani e preferiamo le loro caratteristiche fondamentali perché ci garantiscono la sopravvivenza e nello stesso tempo ci fanno entrare nell'universo dei rapporti interpersonali.

Dal primo istante che ci affacciamo al mondo, entriamo in relazione con gli altri. Entriamo, anzi, in un complesso insieme di relazioni che dovremo imparare a gestire e a distinguere nel corso dei primi anni e poi durante tutta la vita. Le relazioni umane si costituiscono sempre come un sistema nel quale ognuno che ne fa parte influisce sul comportamento degli altri.

Fin dal primo trimestre di vita si sviluppano competenze relazionali che faranno da supporto ad abilità successive più complesse. Le relazioni, nel loro instaurarsi, fanno riferimento a prerequisiti quali l'interesse reciproco e l'attenzione ai segnali che provengono dall'altro e si colorano sempre di aspetti emotivi. I segnali che esprimono stati emotivi (piacere, stupore, paura e così via) sono da considerarsi mediatori relazionali, grazie ai quali si instaura l'interesse del neonato verso chi si prende cura di lui e, viceversa, l'interesse verso il neonato da parte degli adulti. Il neonato, in altre parole, abbisogna di un adulto *competente* che sappia interpretare le sue naturali predisposizioni sociali e sappia aiutarlo a svilupparle.

Lo sviluppo delle capacità relazionali si consolida dai 3 ai 6 mesi, con l'adulto che sempre più riesce a sincronizzare i suoi comportamenti con quelli del bambino in uno scambio continuo di rimandi tramite giochi con gli oggetti per arrivare poi a veri giochi di coppia tra i 6 e i 9 mesi. Nonostante che, per tutto questo tempo, nel bambino cresca sempre di più la curiosità verso gli oggetti e l'ambiente circostante, alla relazione con l'adulto viene rivolto l'interesse privilegiato.

La competenza relazionale (che potremmo chiamare anche *sociale*) si manifesta in un'alternanza di turni e sincronicità già nel primo rapporto tramite l'allattamento.

Il turno si caratterizza da subito come l'alternarsi di comportamenti simili tra i due partner; rappresenta la prima forma, lo schema, il punto di appoggio per entrare in quella struttura socialmente condivisa di idee ed emozioni che costituiscono la comunicazione umana. Sappiamo che già dal 2° mese di vita il bambino reagisce con vocalizzazioni particolari alla voce dell'adulto che si prende cura di lui.

La capacità dell'adulto di prendersi cura del bambino nasce, cresce e si perfeziona nella relazione con questi. Le modalità tipiche della comunicazione umana nascono dall'interpretazione che l'adulto dà dei comportamenti del neonato.

L'adulto agisce attribuendo al bambino l'*intenzione* di compiere qualcosa nel giusto contesto comunicativo. Il bambino, nei suoi primi mesi non ha tale intenzionalità, ma l'adulto si comporta come se l'avesse e in questo modo favorisce la nascita dell'intenzionalità che si manifesta pienamente nel 2° semestre del 1° anno di vita: il comportamento dell'adulto costituisce l'anticipazione necessaria per esprimere la vera intenzionalità da parte del bambino.

Il neonato, oltre ad avere una predisposizione specifica a entrare in rapporto con gli altri esseri umani, cresce sano e in buona salute solamente se ci sono adulti capaci di soddisfare il suo bisogno d'amore.

Come tutti gli esseri umani, egli vive i rapporti con l'altro con l'intensità variabile delle proprie sensazioni, alternando disponibilità e chiusure, attenzione e disinteresse, recettività a stimoli e rilassamento, motivazioni e indifferenza. La madre occupa solitamente una posizione privilegiata, ma non è l'oggetto unico della relazione, né necessariamente il più gradito. Il padre o altre persone possono diventare figure di attaccamento se l'interazione con loro è gratificante. Si è sempre dato per scontato che la figura umana preferita dal bambino fosse la madre e che questo fosse un dato biologico. È invece, almeno per la specie umana, un dato culturale. Il bambino, all'inizio della propria vita, non *sceglie* la propria madre: la preferenza si manifesta in seguito se è la madre che costantemente si prende cura di lui; altrimenti s'indirizza ad altre figure.

Dai primi anni Sessanta, numerose ricerche hanno evidenziato che non è solamente l'adulto a influenzare e indirizzare l'adattamento del bambino; il neonato possiede una propria organizzazione di comportamento, autonoma. Egli interagisce con l'adulto, suscitando in lui delle reazioni e modificandone il comportamento. L'influenza è cioè reciproca e non è possibile studiare il comportamento del bambino sottraendolo dal contesto della relazione con l'adulto. Solamente nella relazione acquistano significato tanto i comportamenti infantili quanto quelli adulti.

Il comportamento sociale del neonato si manifesta subito dopo la nascita. Il primo giorno è caratterizzato da un'alta variabilità delle relazioni: l'atmosfera emotiva è oscillante e le prime *esplorazioni* sono reciprocamente caute per la necessità di una reciproca conoscenza.

Le prime ore sono un periodo delicato per il neonato, a cui vengono a mancare quelli che sono stati i suoi riferimenti stabili (ad esempio, le pareti dell'utero) e che è inoltre sottoposto a stimoli sensoriali nuovi.

Nei giorni seguenti si tende a una regolarizzazione del rapporto: i momenti di comunicazione intensa diventano frequenti, adulto e bambino si guardano, si toccano, si "parlano". I neonati, con il passare dei giorni, utilizzano un maggior numero di canali comunicativi, in forma sempre più integrativa. Fin dal primo giorno si osservano dei primitivi cenni di apprendimento: cioè i neonati reagiscono con modalità simili a situazioni simili. Sempre di più si capisce quindi quanto sia importante favorire il contatto precoce con le persone che si occuperanno di lui in maniera continuativa (la madre, il padre, eventualmente i fratelli ecc.) affinché il bambino possa progressivamente abituarsi a riconoscerli attraverso le voci e gli odori.

Modalità relazionali

La gamma dei comportamenti volti a stabilire un rapporto con l'altro si definisce "modalità relazionali". Nel caso del neonato si definiscono come modalità relazionali il formarsi, crescere, stabilizzarsi del rapporto bambino-adulto che si occupa di lui, nell'insieme sociale in cui il bambino è inserito. Il processo che è stato chiamato *attaccamento* si manifesta attraverso forme comportamentali molto varie. Le principali possono essere riconosciute nella rotazione del capo e nella suzione; nel sorriso; nel toccare, aggrapparsi, afferrare; nella vocalizzazione; nel pianto. In anni recenti la ricerca sulla costruzioni delle relazioni e quindi sullo sviluppo della socialità si è sempre più spostata dalla relazione a due madre-bambino allo studio dell'insieme della rete di relazioni che il bambino mantiene con le diverse persone del suo ambiente sociale: madre, padre, fratelli, nonni, altri parenti, altri adulti (babysitter, educatori di asilo nido e della scuola dell'infanzia), altri bambini.

Se la funzione primaria di accudimento è riservata alla famiglia più strettamente intesa (genitori), la costruzione del mondo sociale avviene all'interno della complessità delle relazioni.

All'interno della complessa rete relazionale, oltre ai rapporti con i genitori e i parenti più presenti (fratelli, nonni) ci sono altre relazioni significative per il bambino. Tra queste le relazioni amicali e più in generale quelle tra pari. Relazioni che hanno differente natura: *scelte* (quelle tra pari in ambiti educativi come l'asilo nido o la scuola dell'infanzia) e non in qualche modo *imposte,* quali sono quelle tra fratelli.

Nelle relazioni tra pari i bambini acquisiscono e approfondiscono un ampio spettro di esperienze e abilità che permettono l'adattamento sociale con modalità che non possono essere acquisite nelle relazioni con gli adulti. Le relazioni con i pari di età sono potenti costruttori di abilità socializzanti e la loro possibilità si traduce oltre che in un potente motore socializzante anche in benessere emotivo e crescita cognitiva.

LA COMPLESSITÀ DELLE RELAZIONI

Interazioni con chi si prende cura del bambino
Chi si prende cura del bambino svolge la funzione di sostegno:
- attribuendo intenzionalità emotiva alle manifestazioni del bambino;
- rispondendo in modo adeguato ai suoi segnali;
- modulando il proprio comportamento in base al suo livello di sviluppo;
- orientando le sue espressioni emotive in accordo con le aspettative sociali.

Interazione con l'ambiente
Grazie al fenomeno della socializzazione delle emozioni, il bambino:
- apprende dalla cultura di appartenenza quali comportamenti sono appropriati e accettati nelle diverse occasioni;
- impara a regolare e monitorare i suoi comportamenti emozionali.

---

da: Camaioni, Di Blasio, 2007

I primi 6 anni rappresentano un periodo della vita molto importante perché, oltre agli apprendimenti linguistici e comunicativi in generale, si imparano anche i comportamenti appropriati per le relazioni sociali, come le regole e l'assunzione di responsabilità verso gli altri.

Interagire con gli altri (sia adulti che bambini) può essere considerato un compito specifico dei primi anni di vita del bambino. Questo periodo vede l'emergere e l'affermarsi di specifiche competenze etico-morali.

Le regole sociali fanno riferimento a diversi domini.

- *Morale,* per ciò che riguarda la distinzione assoluta tra giusto e sbagliato (ad esempio, non uccidere).
- *Convenzionale,* ciò che regola i comportamenti in un contesto culturale specifico (ad esempio, vestirsi in un certo modo in certe occasioni).
- *Personale,* l'ambito della propria libertà individuale. Entro questo ambito si collocano:
  - le regole *prudenziali,* che servono a proteggere se stessi (ad esempio, allacciare le cinture di sicurezza);
  - le regole di *protezione,* che servono a preservare anche il benessere altrui e a prevenire incidenti.

In contrasto con quanto si asseriva nel secolo scorso, che considerava il bambino di età prescolare come incentrato solo su se stesso (egocentrismo infantile), la ricerca ha evidenziato conoscenze sociali anche in bambini molto piccoli.

Il sorriso

Per lungo tempo si è ritenuto che il sorriso del bambino molto piccolo fosse dovuto ad apprendimento e anche che uno dei fattori che ne determinano il sorriso verso un altro essere umano fosse dovuto al fatto di essere stato nutrito da questi. I dati emersi negli ultimi anni cancellano queste teorie.

Le ipotesi oggi più convalidate sono:

- il sorriso appartiene alle categorie dei comportamenti non appresi;
- gli stimoli più efficaci a provocarlo provengono dalla persona che con continuità si prende cura del bambino (il più delle volte la madre);
- il sorriso può essere suscitato da stimoli diversi, ma fin dall'inizio alcuni stimoli sono più efficaci di altri: la voce umana (dapprima indistintamente, successivamente la voce della persona che si

occupa del bambino) e il volto umano (dapprima anche solo gli occhi, successivamente tutto il volto, infine il volto della persona che si occupa del bambino).

Il sorriso è uno stimolo sociale nel senso che al sorriso del bambino l'adulto risponde in maniera amorevole. In questo modo il bambino impara molto presto che il sorriso serve a prolungare il tempo di rapporto con gli adulti. Sembra pertanto che la funzione del sorriso del bambino sia quella di aumentare l'interazione con l'adulto che così si occupa di lui e si mantiene vicino.

La vocalizzazione

Nella vita di relazione del bambino la vocalizzazione (produzione di suoni di tipo vocale) ha una funzione abbastanza simile a quella del sorriso: entrambe queste reazioni avvengono quando il bambino è sveglio, entrambe hanno come risultato prevedibile il fatto che l'altra persona risponda in modo socievole e s'impegni in una serie di interazioni con lui. I primi vocalizzi appaiono nel momento che precede il pianto, poi lentamente questi suoni si dissociano dal pianto e prendono una loro autonomia per essere usati quando il bambino si trova in uno stato di benessere. I suoni, che il bambino ha scoperto casualmente, vengono ripetuti con crescente soddisfazione e con una evidente capacità di imitazione. Se l'adulto imita i suoni del bambino, questi a sua volta ripete i vocalizzi, in uno scambio che può essere definito come un primitivo modello di conversazione. Come avviene per altri comportamenti sociali, il bambino arriva a vocalizzare con maggior frequenza con la persona che più a lungo si occupa di lui.

Il pianto

A differenza del sorriso e della vocalizzazione, che normalmente non provocano una reazione adeguata dell'adulto prima della 3ª settimana di vita, il pianto è efficace fin dalla nascita e ha l'effetto di far intervenire l'adulto per nutrire, proteggere o confortare il bambino. Inoltre, mentre il sorriso e i vocalizzi possono aver luogo solo quando altre persone sono già vicine, la funzione del pianto è in primo luogo quella di *provocare* la vicinanza. Infatti l'adulto tende a fare del suo meglio per porre termine al pianto del neonato e per ridurre la probabilità del suo manifestarsi.

Ogni bambino piange in un suo modo particolare, tanto che è possibile riconoscere un bambino dallo spettrogramma del suono che è caratteristico per ogni individuo, come lo sono le impronte digitali. Si possono individuare forme distinte di pianto:

- *pianto di fame,* inizia con un'intensità bassa e senza un ritmo preciso, diventando gradatamente più intenso e più ritmico;
- *pianto di dolore,* intenso fin dal principio; grido forte e prolungato, cui segue una fase di silenzio, successivamente singhiozzi alternati e inspirazioni brevi e affannose;
- *pianto di irritazione e di collera,* come per il pianto da fame, la sequenza temporale è: pianto-pausa-inspirazione-pausa; la differenza è la bassa tonalità e l'intensità costante.

È bene però sottolineare che l'approccio del genitore al neonato che piange non deve essere quello di interpretarlo tramite schemi, ma quello di rendersi disponibile a entrare in comunicazione col bambino, adoperandosi per capire, cercando cioè di instaurare una relazione col bambino che piange e non applicando un protocollo di risposta.

Subito dopo la nascita, il pianto è provocato da una serie di stimoli (freddo, fame, dolore, interruzione del sonno ecc.) senza che vi si possa cogliere un chiaro significato di richiamo alla vicinanza dell'adulto. Molto presto però il bambino apprende che con il pianto ottiene la vicinanza di una persona e quindi egli impara a usare (fin dalle prime settimane) anche un pianto che non nasce da nessuna condizione fisica sfavorevole ma dal bisogno di vicinanza e attenzione. Man mano che passano i giorni, il pianto non si interrompe solamente cambiando la situazione svantaggiata (ad esempio alimentando il bambino), ma grazie al contatto fisico (prenderlo in braccio), al dondolio, alla vista della persona che si prende cura di lui, alla voce di questa, alla suzione non alimentare (capezzolo, succhiotto).

LE FASI DELLO SVILUPPO RELAZIONALE DEL BAMBINO	
Prime settimane	• Ha la percezione del volto; se un volto è vicino lo segue nel movimento; incontra lo sguardo materno durante la poppata. • Riconosce il momento della poppata. • Si lascia consolare dalla voce umana, dal contatto corporeo, dal succhiamento. • Reagisce con attenzione quando gli si parla con dolcezza.
3-4 mesi	• Progressivamente risponde sempre più al sorriso, ricambiando il sorriso dell'altro. • Ha periodi più lunghi di veglia tranquilla e si interessa agli oggetti.
4-5 mesi	• Si volge verso le persone che parlano, partecipando sempre più attivamente all'ambiente che lo circonda. • Ha interesse per gli oggetti offerti e li porta alla bocca. • Manifesta di riconoscere situazioni sperimentate abitualmente (cibo, uscite, pulizie ecc.).
6-8 mesi	• Gioca con le proprie mani e piedi. • Mostra chiaro attaccamento al partner adulto. • Ha un comportamento ben differenziato con persone a lui familiari e con gli estranei, verso i quali può manifestare paura. • Può essere consolato sostituendo oggetti e persone. • Gioca con gli oggetti, li lascia cadere guardandoli.
10-13 mesi	• Comprende il "no". • Si oppone alle limitazioni delle esperienze. • Prova a mangiare e a bere da solo. • Inventa modalità relazionali (reciprocità nel gioco, furbizie ecc.). • Imita e ripete gesti su richiesta (ad esempio fa "ciao" con la mano).
15-18 mesi	• Comunica intensamente con gli altri anche con strumenti verbali, fino a poter rispondere verbalmente e con gesti a una domanda che lo riguarda. • Gioca da solo per qualche tempo. • È capace di imitazione differita, in assenza di modello. • Fa tentativi autonomi prima di ricorrere all'adulto (spogliarsi, mangiare ecc.). • Si oppone con il "no".

Intorno ai 2 anni	• Inizia a raccontare i fatti e a esporre previsioni in situazioni familiari. • Può esprimere i suoi desideri. • Gioca bene da solo e comincia a giocare con i coetanei.
Dai 2 anni e mezzo ai 3	• Inizia il gioco come relazione sociale con gli altri, arrivando a giochi con scambio di turni delle azioni. • Può servirsi delle cose quotidiane ed elaborarle in fantasia e in giochi simbolici. • È incantato dalla novità di cui è portatore l'adulto che ha la sua fiducia. • Comincia la donazione di significato all'espressione grafica e gestuale.
Dai 3 ai 4 anni	• Gioca con gli altri e sempre più sa assumere ruoli immaginari in giochi di finzione. • Fa molte domande. • Sviluppa il concetto di numero e di colore.
Dai 4 ai 6 anni	• Affronta giochi cooperativi e competitivi; comprende e accetta le regole dei giochi. • Gli piace aiutare nei compiti familiari. • Si diverte a raccontare e ad ascoltare storie (anche immaginarie). • Esprime idee complesse.

La teoria dell'attaccamento

Nel primo anno di vita si realizza quel legame del bambino con chi si prende cura di lui che è stato chiamato *attaccamento*, un termine che evoca il bisogno del piccolo di avere persone che si prendano cura di lui. Il bambino, affinché il suo modo di rapportarsi con gli altri esseri umani sia improntato a sicurezza e fiducia, ha bisogno di sperimentare un primario e abbastanza lungo periodo nel quale siano soddisfatti i suoi bisogni fondamentali. La presenza e la disponibilità dell'adulto offrono al bambino, fin dalla fase neonatale, la sicurezza che c'è chi si prende costantemente cura di lui, che gli offre conforto quando ha paura, che media l'insicurezza di fronte a situazioni nuove e persone sconosciute. La costruzione del legame di attaccamento si basa sulla capacità dell'adulto di comprendere i segnali infantili e di rispondervi appropriatamente.

La definizione del legame emotivo con il figlio prende avvio già in gravidanza (e forse ancora prima, se e quando si decide di avere un figlio) come risultante di un complesso intergioco tra eventi psicologici e biologici. Durante la gravidanza la coppia genitoriale anticipa l'esperienza di essere genitore sollecitando anche una più globale ri-considerazione della propria storia relazionale con i propri genitori.

Questo legame di attaccamento prenatale avrà conseguenze sulla qualità delle cure date al bambino quando verrà al mondo: per questo è importante che anche nei corsi di preparazione alla nascita, oltre ad aspetti tecnici sul parto e sul bambino, si apra la discussione anche a proposito di aspettative, paure, desideri.

È ovvio che l'attaccamento prenatale non può essere considerato alla stregua del legame di attaccamento che si crea fra chi si prende cura del bambino quando questi è presente fisicamente nella relazione. La caratteristica saliente delle relazioni di attaccamento infatti è data dai comportamenti che vengono offerti al bambino, quali conforto, sicurezza, presenza.

L'ATTACCAMENTO

Il celebre psicanalista britannico John Bowlby teorizza l'attaccamento come:

- una *predisposizione biologica* del piccolo verso chi si prende cura di lui, assicurandogli la sopravvivenza;
- una *motivazione intrinseca* e primaria basata sulla ricerca di contatto e conforto che si attiva nelle situazioni di pericolo;
- un *sistema di controllo* che ha lo scopo di mantenere un equilibrio omeostatico tra vicinanza ed esplorazione;
- un *comportamento orientato* alla sopravvivenza e al successo riproduttivo.

Fasi di sviluppo del legame di attaccamento

- 0-2 mesi: comportamenti di segnalazione e di avvicinamento: ricerca non selettiva di contatto e prossimità.
- 3-6 mesi: comunicazioni dirette: ricerca selettiva di contatto e prossimità con le figure familiari che si occupano del bambino.
- 6-24 mesi: segnali di mantenimento della vicinanza: creazione dell'effettivo legame orientato e preferenziale, ricerca di contatto con chi si prende cura del bambino e paura dell'estraneo.
- oltre i 24 mesi: relazione basata su uno scopo programmato: perseguimento di scopi comuni regolati dai feedback provenienti dall'ambiente.

La teoria dell'attaccamento ipotizza la continuità dell'attaccamento nel tempo, grazie alla creazione di modelli mentali delle figure di riferimento affettivo e dell'identità personale, che funzionano come prototipo per le relazioni successive.

---

da: Camaioni, Di Blasio, 2007

Nella prospettiva teorica dell'attaccamento, il sistema di attaccamento rappresenta uno dei molti sistemi tradizionali che si sono evoluti per promuovere la sopravvivenza e il successo riproduttivo.

La figura paterna

Nei manuali scientifici sullo sviluppo infantile o negli articoli di divulgazione, ancora oggi è facile vedere descritta dettagliatamente la relazione a due *madre-figlio* come la base dello sviluppo psicologico individuale. Secondo noi questo è un atteggiamento pregiudiziale. In questo modo, infatti, si nasconde o si mette in secondo piano l'altra figura primaria che definisce lo sviluppo psicologico infantile: il padre.

Il bambino cresce in una *rete relazionale* e i componenti di questa rete hanno tutti una reciproca influenza che può avere pesi diversi e importanza diversa da quella che la cultura tradizionale attribuisce soprattutto alla madre. La crescita psicologica di ogni individuo è un complesso processo di costruzione sociale nel quale, in particolare, il padre non è più da considerare semplicemente l'elemento di separazione della coppia madre-figlio, bensì una componente con un ruolo attivo. A parte le situazioni in cui il padre è "assente", nella misura in cui non si occupa del bambino, anche nel caso della coppia separata il genitore di sesso maschile è da considerare come l'altro organizzatore dello sviluppo del bambino. Numerosi studi confermano che anche il padre è dotato di ampie capacità di fornire cure adeguate ai figli.

La figura paterna si caratterizza in maniera assai differente nelle varie epoche storiche e nel tipo di società in cui è collocata. Nella società attuale convivono modelli diversi di mascolinità e di paternità. Laddove il padre riesce a permettersi sentimenti di tenerezza verso il figlio e nel rapporto di coppia, può essere perfettamente intercambiabile con la madre nel prendersi cura del bambino. Il padre, come in ogni coppia di due persone diverse (non solo per il sesso, ma per abitudini, temperamento, comportamenti), avrà sicuramente uno stile relazionale diverso da quello materno. Questo comporterà per il bambino la possibilità di sperimentare relazioni emotive diverse e contribuirà alla costruzione di competenze sociali capaci di rispondere alla complessità e alla diversità delle situazioni in cui gli individui vengono a trovarsi nel corso della loro vita.

La coppia genitoriale ha anche una funzione di supporto reciproco per l'elaborazione delle eventuali difficoltà educative, di gestione delle paure e insicurezze sulle rispettive capacità. Fare i genitori è una competenza che cresce con la presenza del bambino e con il suo sviluppo: cresce il bambino, cresce la genitorialità. È sempre il sistema che va preso in considerazione. Negli ultimi decenni si è assistito abbastanza frequentemente a una presenza attiva paterna e al suo coinvolgimento nella cura del figlio, ma anche quando il padre sembra più assente, la sua figura partecipa alla dinamica relazionale della famiglia. Di fatto quando il padre è attivamente partecipante, gli effetti positivi sono rilevanti nel processo della crescita del figlio, particolarmente negli aspetti cognitivi, emotivi e sociali.

Comprensione degli altri e identità personale

Lo sviluppo delle competenze sociali si basa sulla progressiva comprensione, da parte del bambino, che le persone sono dotate di stati interiori, emozioni, pensieri, intenzioni, scopi, che orientano il comportamento e le relazioni con gli altri e con il sistema di norme e valori sociali. La comprensione, da parte del bambino, dell'esistenza di un mondo *interiore* negli altri procede parallelamente alla comprensione del proprio mondo interiore e della propria identità personale.

La *coscienza di sé* consiste nella consapevolezza di possedere un'identità separata dagli altri, e nasce dal momento in cui diventa possibile una rappresentazione di *sé come entità oggettiva,* che è possibile cioè rappresentarsi come consapevolezza interiore osservata però come dall'esterno.

La consapevolezza della propria identità appare tra i 15 e i 18 mesi, è segnalata da alcuni indicatori come l'uso di termini verbali che si riferiscono a se stessi e agli altri come entità distinte (me, tu, noi...) e come *autoriconoscimento,* la capacità cioè di riconoscere la propria immagine fisica come stabile e continua nel tempo e nello spazio. Inoltre questa consapevolezza viene rafforzata dalla capacità di utilizzare alcune categorie esteriori come il sesso, l'età, i lineamenti e l'aspetto fisico, per identificare se stesso.

La percezione della propria individualità è il requisito indispensabile per lo sviluppo della socialità, che potremmo definire come lo scambio relazionale tra individualità percepite come separate e interagenti.

Tra i 12 e i 18 mesi il bambino inizia a riconoscere gli altri non più solo sulla base di singoli tratti esteriori e comportamentali, ma tramite una complessa attività di riflessione e valutazione che porta alla creazione di *rappresentazioni mentali* che riconoscono stabilità oltre che degli oggetti anche delle persone nel tempo e nello spazio e che riconoscono agli altri stati intenzionali ed emotivi. In questa epoca il bambino conquista la capacità di comprendere che gli altri sono entità separate da lui e sono dotate di caratteristiche specifiche e diverse dalle proprie.

Un'indicazione indiretta del raggiungimento di questo riconoscimento degli altri è la *familiarità*, indirettamente testimoniata dal riconoscimento dell'estraneo e la sua identificazione come diverso da sé e dalle persone familiari, con possibili reazioni di paura di fronte all'estraneo.

Sviluppo dell'identità personale e di quella altrui

Le componenti che concorrono a sviluppare e stabilizzare il senso di identità personale nel bambino si manifestano con diverse caratteristiche; esse riguardano l'essere capaci di attività autonome tramite iniziative personali, la comparsa del gioco sociale, l'attenzione ai ruoli e alle modalità in cui vengono svolti, l'attenzione alle regole e al loro significato interpersonale, l'acquisizione di abilità nel cogliere il punto di vista dell'altro, lo sviluppo dell'accettazione di turni nel parlare, l'acquisizione e l'incremento dell'attività narrativa su se stesso e sugli altri, la progressiva sicurezza nell'utilizzazione delle proprie capacità, sia su piani cognitivi che pragmatici.

Dalla stabilizzazione del senso d'identità personale nasce il senso dell'*autostima,* che può essere descritta come l'insieme delle valutazioni positive che riguardano l'identità personale nei diversi aspetti di capacità personali sia fisiche che cognitive che sociali.

La comparsa delle cosiddette *emozioni sociali* (vergogna, colpa, imbarazzo ecc.) e la loro espressione si accompagna a questo processo di riconoscimento della propria e dell'altrui identità. Nel caso in cui il bambino manifesti e riconosca queste emozioni, vuol dire che attribuisce agli altri stati psicologici interiori e diversi dai propri.

Un altro indicatore del raggiungimento di una identità personale distinta dagli altri è la nascita della cosiddetta *teoria della mente,* ossia la comprensione dei desideri, dei pensieri e del punto di vista attraverso cui gli altri vedono e sentono la realtà.

Le relazioni con i coetanei

Con lo sviluppo si moltiplicano le occasioni di contatto del bambino con i coetanei e si accresce la sua capacità di interagire e valutare la prospettiva degli altri. Si strutturano inoltre le prime relazioni amicali.

Numerosi studi hanno confermato che le relazioni con i coetanei, che negli anni si fanno sempre più complesse e più stabili, rappresentano per il singolo bambino un importante fattore di stabilità della sua identità personale dovuta all'accettazione sociale. La possibilità di affinare le proprie capacità sociali inoltre è data dalle possibilità di sperimentare sia le modalità di cooperazione che quelle conflittuali con gruppi di coetanei e di altri bambini di età inferiore o superiore.

Solitamente dopo i 3 anni le interazioni con gli altri bambini diventano complementari e reciproche. Si sviluppano le attività di gruppo grazie all'incremento della capacità di comunicare e delle capacità simboliche. Si iniziano i giochi di finzione.

Cooperazione e conflittualità

Anche il conflitto è crescita e si potrebbe dire che la costruzione dei rapporti sociali deve necessariamente passare anche da momenti conflittuali. È nel conflitto che si impara a superare il proprio punto di vista, a riconoscere la legittimità che l'altro agisca e pensi diversamente da noi, a cercare la soluzione con mediazioni. Cooperare e competere sono due facce dello stesso bisogno di crescita, due poli di un processo continuo che interessa l'individuale nei rapporti con gli altri e con se stesso, che permette al bambino di acquisire competenze sociali nello stesso momento in cui acquisisce un'identità personale.

In molti studi del secolo scorso, si è avuta una visione del bambino quale soggetto ancora incapace di cooperazione, chiuso nel suo egocentrismo e che per questo attua comportamenti soprattutto competitivi. Si è visto invece che egli, almeno a partire dai 2 anni, è capace di attuare comportamenti di cooperazione con altri bambini della sua età.

Tutte e due le situazioni (di cooperazione e di conflittualità/competizione) sono d'altronde importanti perché il bambino possa apprendere il suo ruolo sociale sia nei confronti dei pari sia di altri soggetti di età diverse.

Le situazioni in cui si coglie la cooperazione tra i soggetti sono quelle che hanno in comune il raggiungimento di uno scopo interdipendente da coloro che partecipano a questo stesso raggiungimento. In questo caso l'obiettivo di ognuno è lo stesso, condiviso, degli altri. Invece nelle situazioni di conflittualità/competizione si lavora l'uno contro l'altro, magari per raggiungere entrambi lo stesso obiettivo.

Alla base di questi due comportamenti antitetici c'è comunque una precoce capacità di interazione sociale ed entrambe le strategie utilizzate contribuiscono alla crescita del senso di appartenenza sociale.

Ada Fonzi (2003) riconosce quattro modalità diverse di interazione che appaiono nei bambini in una successione tra i 2 e i 3 anni, che segue questo schema:

- *interazione speculare contemporanea* (basata sulla similarità e contemporaneità del comportamento dell'altro);
- *interazione speculare differita* (si ripete il comportamento dell'altro, non contemporaneamente ma in sequenza temporale);

- *interazione complementare* (fatta di alternanza delle azioni non più speculari);
- *interazione reciproca* (capacità di darsi dei turni nel portare avanti un'azione o un gioco, frequentemente caratterizzata da uno scambio di ruoli).

Tutte e quattro le modalità dimostrano che i bambini sono capaci di attuare i propri comportamenti tenendo conto della presenza degli altri e agendo di conseguenza a questa presenza esprimendo cooperazione o conflitto. L'apparizione del conflitto va vista come la possibilità di sviluppare, da parte del bambino, strategie di soluzione del conflitto stesso. Una palestra necessaria all'apprendimento di comportamenti che possono evolvere da situazioni conflittuali/competitive a situazioni di mediazione e reciproca negoziazione.

Il conflitto assume un valore funzionale, come occasione di confronto utile a rafforzare l'identità. Già in età prescolare i bambini sono capaci di utilizzare strategie di mitigazione e di risoluzione positiva del conflitto, impiegando il compromesso, la controproposta, la giustificazione e la riconciliazione. La comparsa dei comportamenti interattivi nei bambini è ipotizzabile facendo ricorso al concetto di *empatia*: definibile come la sensibilità alla presenza di altri soggetti e alla capacità di tener conto dei loro stati emotivi. Per avere presenti stati emotivi di altri soggetti bisogna aver elaborato anche la capacità di fare propri i pensieri dell'altro e di tenerne conto per attuare comportamenti adeguati. Questa capacità è riconosciuta come la base per attuare ogni tipo di comunicazione sociale insieme alla capacità di sviluppare interazioni di tipo ludico, che non hanno nessuna funzione utilitaristica immediata.

L'amicizia

È senz'altro una fondamentale forma di relazione umana. La definizione univoca del concetto di amicizia è molto difficile: noi assumiamo che sia una relazione volontaria, basata sulla reciprocità (comportamenti reciproci di attenzione all'altro, cooperazione, gestione del conflitto), sulla preferenza (espressa dal desiderio di spendere maggior tempo con l'amico rispetto ad altri), sull'attrazione reciproca, sul piacere della reciproca compagnia, sulla stabilità, intimità (familiarità e disponibilità verso l'altro), sulla fiducia nell'altro, sulla condivisione di punti di vista, in cui possono convivere dimensioni positive (quali vicinanza, cura dell'altro, intimità, sicurezza), insieme a dimensioni negative, quali conflitto, competizione, dominanza, ostilità.

Alcune di queste componenti amicali appaiono già nel 3°-4° anno di vita: nel periodo prescolare essere amici si basa sullo stare insieme e sulla condivisione di giochi o altre attività. Crescendo si sviluppano quelle componenti più complesse come il sostegno reciproco, la lealtà, l'equilibrio di potere nella relazione, la confidenza, la fiducia. Ma già nella prima infanzia l'amicizia deriva dal bisogno di vicinanza e di rassicurazione emotiva. Si creano in questo periodo legami caratterizzati da affettività, difesa dell'esclusività, prossimità fisica, reciprocità, creazione di un mondo comune condiviso.

Si possono ravvisare molti comportamenti sociali favoriti dai legami di amicizia quali:

- facilitazione di cooperazione, solidarietà, aiuto;
- facilitazione a superare conflitti;
- superamento di emozioni negative di rabbia e paura, favorendo la collaborazione;
- incremento di sensibilità e interesse per l'altro;
- incremento della prontezza di intervento per alleviare il disagio altrui.

L'asilo nido: storia di una trasformazione

In Italia negli scorsi anni Settanta/Ottanta nacquero strutture che videro la trasformazione della vecchia concezione di asilo nido come puro supporto assistenziale, in istituzioni educative ad alta competenza professionale da parte di chi si occupava dei bambini. Soprattutto in certe regioni italiane (Toscana, Emilia Romagna, Piemonte, Lombardia) fu portata avanti una politica di attenzione all'infanzia di qualità elevata. Negli ultimi anni gli asili nido hanno ricevuto ripetuti attacchi anche dalle istituzioni che dovrebbero occuparsene e preoccuparsene. In nome della necessità di tagli economici, si sono proposte alternative agli asili nido pubblici con asili nido privati, con il rischio di un decadimento notevole della qualità educativa.

Noi pensiamo che la presa in carico da parte delle istituzioni dell'educazione dei bambini non può essere solamente legata a parametri economici. Anche dove non sussistano condizioni svantaggiate sul piano educativo-familiare, frequentare l'asilo nido per un bambino è un arricchimento educativo importante e forse necessario per evitare il rischio di isolamento in cui oggi potrebbe trovarsi a vivere.

Come afferma Luigia Camaioni, una psicologa che ha approfonditamente studiato l'età evolutiva in Italia, due almeno sono le ragioni che ci fanno guardare all'asilo nido come ambiente adeguato per i bambini piccoli. In primo luogo, esso offre al bambino nei primi anni della sua vita l'opportunità di vivere in una comunità di pari e nello stesso tempo di diversi: altri bambini non coetanei, altri adulti. In secondo luogo, il lavoro della donna fuori casa (si spera sempre più di libera scelta) non viene più considerato antitetico ai suoi doveri di madre e di moglie, al punto da aver determinato a lungo nei vissuti delle donne l'equiparazione: lavoro extrafamiliare = rovina dei figli.

ALLARME NIDO!

Gli autori hanno iniziato a lavorare nei nidi nel lontano 1974, quando l'OMNI (Opera Nazionale Maternità e Infanzia) stava ormai chiudendo definitivamente i battenti. I Comuni si trovarono a dover gestire una complessa e ingombrante eredità (soprattutto per il tanto personale impiegatovi), fatta di consultori materni, corsi di preparazione al parto, asili nido. Asili che erano stati costruiti nelle aziende, vicino o dentro alle fabbriche, a fianco degli uffici, col preciso scopo di assistere e accudire i bambini delle donne lavoratrici a tutela del loro posto di lavoro.

Un'assistenza fatta soprattutto di accudimento igienico, di attenzione alimentare, di protezione fisica. Fummo incaricati dal Comune di Firenze di entrare in queste strutture per studiarne la situazione gestionale, per analizzare le criticità dei rapporti col personale, rivedere le diete, dare insomma a tutto l'insieme un orientamento medico/pedagogico aggiornato.

Ci trovammo di fronte a un quadro allarmante. I bambini vivevano spazi e tempi secondo regole e abitudini precise, stereotipate, ineluttabili: il momento del vasino significava che *si doveva* fare pipì o popò tutti insieme e a quell'ora lì; esistevano apposite fasciature (dette "fissa bimbi") per ancorare i bambini recalcitranti ai vasini (in realtà piccoli water in ceramica: uguali per forma a quelli degli adulti ma... piccini piccini).

L'ora della pappa significava mettere tutti i bambini sui seggioloni in fila, uno accanto all'altro in modo da poter passare col cucchiaio da uno all'altro con ritmo veloce e prontezza, a riempire di pappa bocche urlanti... tanti piccoli uccellini nei nidi, ben incastonati e fissati nei loro sedili, nutriti a tempo e per forza!

Ma era forse un personale cattivo, *inacidito*?! Assolutamente no, erano tutte (o quasi) "tate" estremamente materne, accoglienti. Il fatto è che quello che veniva richiesto al personale di un nido aziendale era di riconsegnare a fine giornata il figlio alla madre rassicurandola che aveva mangiato tutto, aveva fatto i suoi bisogni fisiologici, aveva dormito... e non si era fatto male.

Quest'ultimo era meno facile da garantire perché il rapporto numerico bambini/personale – oggi regolato da apposite disposizioni regionali in materia – allora era molto alto: una tata poteva avere da sola anche venti bambini da gestire, di età diverse e oltretutto in spazi inadeguati e poco protetti. Si capisce allora che fra spintoni e inevitabili cadute qualche danno ci scappava comunque. Questo era uno dei motivi che faceva sì che la presenza del dottore nell'asilo nido fosse sentita come indispensabile: il personale chiedeva soprattutto corsi di aggiornamento sugli incidenti, sul primo soccorso e sul modo di non trovarsi ad affrontare pesanti

responsabilità legali. Ma il dottore piaceva tanto anche perché era uso che andasse nel nido a cadenze regolari per visitare i bambini, per controllare i pidocchi e dirimere dubbi su bolle e vescicole varie. Fu quasi uno scandalo quando in un asilo nido decidemmo di rinunciare alla "stanza del dottore" (dentro ogni nido era prevista una stanza per la visita medica) consentendo al personale di farne una stanza giochi per i più piccoli, dando così la possibilità di separarli dai più grandicelli. L'abitudine di far visitare i bambini andò avanti ancora un po', visitandoli però nei loro spazi gioco, senza "rapirli" nella stanza del dottore, senza camice, facendoli manipolare e frugare fra gli oggetti della borsa. Certo, era semplicemente il "dottore che non fa paura", il gioco del dottore...
Orientamenti oggi scontati, assodati, ma che allora non lo erano affatto: volevano piuttosto mettere in discussione con forza la presenza stessa del medico nel nido. Una figura in realtà inutile, residuo della vecchia medicina scolastica del Ventennio, portatrice di un falso messaggio medicalizzante della struttura nido e oltretutto ripetitiva di tante altre figure mediche che ruotavano, e ancora ruotano, attorno al bambino (il pediatra di famiglia, il pediatra del consultorio, il professore "a pago", pagato dalla nonna perché "aveva visto bambina la mamma"!).
Grazie ad assessori illuminati e competenti, nei nidi di Firenze cominciò a entrare la pedagogia: sempre meno visite mediche e sempre più attenzione alla complessità dei tanti bisogni dei bambini di queste età. Non era facile far capire a un personale che per anni aveva lavorato tenendo ferme le mani del bambino, mentre lo imboccava a forza, che nutrirsi era anche esplorare il cibo con le mani, magari spargendoselo un po' sul viso: non era spreco, era cultura alimentare, era crescita.
L'evoluzione dai vecchi nidi aziendali agli attuali nidi, promotori di crescita e cultura, è stato un percorso lungo, travagliato, complesso, dibattuto e sostenuto dalle più evolute conoscenze pedagogiche e neuroevolutive. Ed è grazie a un lavoro di anni, che è stato possibile trasformare strutture di puro e semplice "posteggio", in altre dove i bambini hanno la possibilità di esprimersi ed evolversi in tutte le loro potenzialità; tutelati sì nell'igiene, nella salute alimentare, nella sicurezza fisica ma sempre con l'attenzione a rispondere a questi bisogni con complessità e completezza, senza mai venir meno ai bisogni conoscitivi e relazionali in nome

di esigenze igieniche o strettamente protettive. E sono state proprio la psicologia, la pedagogia, l'attenzione ai bisogni di crescita del bambino – che mancavano nei nidi ereditati dall'OMNI – che hanno profondamente cambiato e innovato i nidi dagli anni Settanta in poi.

L'evoluzione della struttura nido ha determinato anche una crescita culturale in una certa fascia della popolazione: la scelta di utilizzare il nido si basava sulla condivisione dell'"idea nido", anche quando si sarebbero potuti utilizzare i nonni, o la baby-sitter, fuori quindi da problematiche economiche/lavorative, considerandolo un valore aggiunto persino rispetto al tempo, necessario e fondamentale, passato in famiglia.

Insomma non nidi in cui si ghettizzano i figli dei diseredati, ma centri di cultura per l'infanzia che in qualche modo possono colmare anche i vuoti relazionali creati dai nuovi orientamenti sociali (figlio unico, famiglia nucleare, perdita della rete parentale, perdita degli spazi di gioco di strada). Certo non era e non è tutto rose e fiori e ancora ci sarebbe da fare. Ma in quale direzione?

Oggi allarma la netta sensazione che chi si occupa dei nidi e del loro futuro stia imboccando una strada sbagliata, abbia come *perso la memoria*, prefigurandosi un ritorno a un passato nebuloso, dove si faceva confusione fra assistere e accrescere, ingrassare e far diventare grandi, vivere sperimentando e passare il tempo nella noia.

A peggiorare tutto c'è il sostegno degli stessi genitori che stanno certamente attraversando una grande crisi di capacità educative e di allevamento, e sbandano fra il bisogno di "posteggiare" il bambino anche oltre le esigenze strettamente lavorative e la pressante richiesta di tutela a oltranza (ma sempre tutta fisica e poco relazionale ed esperienziale).

Insomma genitori ben inseriti ormai nel clima di "paura di tutto": paura sociale. Si sta perdendo l'idea che il nido possa integrare e colmare le lacune inevitabilmente presenti nel genitore e nella gestione familiare: sempre più spesso padri e madri oggi pensano che oltre a loro nulla ci possa essere di buono per il figlio, e soprattutto che in famiglia nulla gli manchi. Quindi al nido lo mandano solo per bisogno di posteggiarlo e quello che al nido chiedono è che sia comodo, vicino a casa (meglio se in azienda), che lo preservi dalle malattie ma lo tenga anche quando è malato, che mangi bene, che abbia orari flessibili, organizzati sulle esigenze genitoriali e non certo sui tempi del bambino e tanto meno su quelli di una comunità di bambini.

Sono i nuovi progetti di asili condominiali e aziendali che spaventano: soluzioni a metà, prive di concrete garanzie di competenza e qualità, e presentate invece come avanguardie, come risolutive della fame di posti-nido sempre più manifestata su tutto il territorio nazionale. Vediamo crollare sotto la spinta arrogante e banalizzante delle problematiche economiche un presupposto base del nido di qualità: essere una struttura che, a partire dalla competenza e dalla preparazione del personale per arrivare agli arredi e alla organizzazione degli spazi, si faccia garante di dare risposte qualificate ai bisogni conoscitivi e alle potenzialità espressive e di accrescimento del bambino. Quei bisogni e quelle potenzialità che vengono messe a rischio proprio dalla lunga e ineluttabile quotidiana assenza genitoriale per motivi di lavoro e dalla "povertà" della rete familiare e amicale che circonda il bambino.

Si prefigurano invece nuove strutture affidate a genitori volenterosi o a imprenditori oculati (e anche attratti dai contributi pubblici) che rischiano di essere capaci di offrire con certezza solo un posteggio/tutela per i genitori del bambino mentre il lavoro li impegna. Quindi nidi per fare *favori* ai datori di lavoro e non nidi per far sì che il lavoro non ricada negativamente sulla crescita globale dei nostri figli.

Per i nidi aziendali il correttivo potrebbe essere (e, se imboccheremo questa pericolosa strada, dovrà assolutamente esserlo) il fatto che il personale impiegato in queste strutture private sia comunque dipendente del Comune e dal Comune selezionato (per concorso mirato), formato e aggiornato con regolarità. Ma questa presa in carico da parte dell'ente pubblico del personale non basterebbe comunque a garantire il dovuto collegamento fra nido e quartiere, sia in termini di risposta ai bisogni locali (aziendale significa di per sé "fatto per quell'azienda" quindi non a libero accesso dal territorio) sia rispetto a una sua apertura culturale allo spazio abitativo circostante (il nido proprio per la sua funzione propedeutica sulle capacità genitoriali non può fare a meno di partecipare con iniziative e stimoli culturali al quartiere nel quale si trova).

Una contrattazione fra aziende ed ente pubblico dovrà necessariamente occuparsi anche di questi aspetti. L'idea poi di costruire nidi per categorie – vedi ad esempio nidi per i dipendenti comunali o nidi per i lavoratori di un ospedale – non tiene in nessun conto il criterio zonale della distribuzione del servizio. I lavoratori di un ospedale (medici, infermieri, ostetriche) hanno turni con alternanze fra giorno, pomeriggio, notte e non abitano tutti vicino all'ospedale: tutti i giorni dovrebbero recarsi comunque nel luogo di lavoro, anche se lontano (molti dipendenti abitano nei comuni limitrofi) per garantire al figlio una continuità e regolarità di frequenza dell'asilo, anche quando magari il loro turno sarebbe stato di notte. In realtà il rischio è che il bambino al nido dell'ospedale ci vada solo nei giorni in cui la madre, per lavoro, ha bisogno di posteggiarlo. E quando un nido si imposta sulle esigenze logistiche dei genitori finisce per strutturarsi anche nelle metodologie di gestione del bambino come posteggio.

E quali garanzie possono in realtà offrire ai bambini i cosiddetti "servizi domiciliari" (famiglie amiche, babysitter garantite, educatori a casa)? Questi servizi nascono per potenziare l'offerta delle varie amministrazioni pubbliche che hanno deciso di ampliare il proprio sistema integrato di servizi per la prima infanzia.

Il nido "famiglie amiche" è di fatto un gruppetto di mamme che si unisce e si mette a disposizione per buona volontà... unendo però anche probabili insicurezze e ignoranze! Uno dei cardini dei nidi nati negli anni Settanta era anche che dovessero rappresentare strutture non solo di appoggio pratico/organizzativo per i genitori, ma anche essere strumento di formazione/educazione dei genitori stessi, dai temi della corretta alimentazione a quelli della conoscenza dello sviluppo dei bambini e di come lo si favorisce. Il nido"famiglie amiche"si prospetta come una soluzione alla"volemose bene" (... e teniamoci anche un po' di contributi pubblici) senza nessuna garanzia di competenza pedagogica/educativa per il bambino.

Prima di concedere la licenza di apertura a questi nidi si potranno analizzare gli spazi, verificare che siano a norma, ma quali strumenti abbiamo predisposto per verificare realmente la cultura, la competenza, la disponibilità necessarie a un adulto che intenda lavorare con bambini di questa età? Come si può essere così sicuri che alle bambine e ai bambini inseriti in queste tipologie di strutture vengano costantemente garantite le stesse opportunità ed esperienze di incontro, conoscenza, socializzazione di quelli che frequentano gli asili nido? La sensazione è che si tratti di condivisibilissime dichiarazioni di principio, ma che di fatto non esista alcuno strumento di controllo e gestione che possa garantire realmente questa equipollenza fra servizio domiciliare privato e nido pubblico.

Non vorremmo neppure prendere in esame la soluzione del *voucher* (assegno offerto alla famiglia che non trova posto nel pubblico per potersi rivolgere al privato) perché per certi versi è anche offensiva del senso pubblico della funzione educativa. Tocca invece farlo, non perché proposta interessante ma perché scelta già fatta da alcune Regioni.

Il concetto è che il servizio pubblico non è in grado di aprire nuovi spazi nido (mancanza di soldi?, di idee?, di capacità imprenditoriali?, di competenze?) e quindi passa la palla al privato: prende i soldi di noi tutti e li regala al privato facendoli passare dalle mani dei genitori. Un riciclaggio premiante: l'ente pubblico fa la bella figura di ammettere i propri limiti e di risarcire il genitore per la sua incapacità amministrativa, e in più si tiene buono anche il privato (c'è sempre una campagna elettorale in corso...), trasferendogli beni dalle casse pubbliche. Se ci infiliamo in questo percorso, rischiamo di perdere la complessa e competente attenzione all'infanzia che serve per offrire servizi educativi; e rischiamo anche di perdere ogni senso sociale e politico del luogo pubblico di formazione degli individui (vedi scuola): in sintesi queste scelte evidenziano un disvalore dell'infanzia, vista sempre più come ostacolo alla produzione invece che come occasione di investimento su un futuro migliore per la società.

Pericolosissimo anche avventurarsi sulla strada dell'aumento del numero delle iscrizioni spingendosi oltre il limite tollerabile, in base al dato statistico che di fatto, a causa delle inevitabili frequenti malattie, i bambini che frequentano mediamente sono in numero minore rispetto agli iscritti.

Prima di tutto si rischiano giorni di crisi per sovraffollamento perché, con un po' di ottimismo, dobbiamo anche tener conto che in certi periodi i bambini sono più sani e frequentano tutti (è il solito problema delle medie statistiche: mezzo pollo per uno in media, ma poi qualcuno il pollo se lo mangia tutto e altri neanche un boccone!). Poi va tenuto conto che aumentare il numero di bambini pone problemi anche rispetto agli spazi, che ovviamente rimangono gli stessi, mentre tavoli, letti, giochi ecc. aumentano per adeguarsi al nuovo numero di utenti. Anche ridurre gli spazi (ostacolando le attività che vi si svolgono) è un modo per ridurre la qualità del nido.

Parlando di personale vorremmo segnalare un altro punto critico che è quello dell'utilizzo di cooperative per garantire una copertura adeguata del servizio. Il problema è sempre quello di quali garanzie vengano offerte agli utenti sulla professionalità del personale che opera nel nido; occorre cioè definire bene nel convenzionamento esterno quali devono essere gli strumenti di scelta, verifica, controllo e aggiornamento che stanno alla base di queste garanzie.

Il ruolo formativo, informativo e di sostegno alla genitorialità che il nido deve svolgere è irrinunciabile e proprio oggi che si scivola sul pericoloso terreno dei nidi aziendali e familiari sempre più ne va ribadita l'indispensabilità. Si avverte la necessità di richiamare a una concretezza e a una scientificità certa tutto quel mondo formativo che ruota oggi intorno ai genitori, e che non fa altro che renderli sempre meno capaci e sempre più lontani dai reali bisogni dei figli. Il nido può e deve avere un ruolo importante e specifico nel gestire tutto questo ed è così che può garantire la sua efficacia di strumento territoriale di sostegno alla genitorialità, rifuggendo dalla trappola che già s'intravede all'orizzonte di ridiventare un bel posteggio colorato, pieno di giochi, con un buon cibo, ma inesorabilmente posteggio. Ai bambini serve altro.

Le emozioni

Parliamo delle emozioni nella parte sulle relazioni perché il loro sviluppo e manifestarsi appartiene ai comportamenti appresi nella rete degli scambi tra il mondo adulto e quello infantile e anche all'interno del mondo infantile nelle relazioni con i coetanei e gli altri bambini.

Le emozioni sono esperienze comuni, condivise da tutti, più facili da descrivere che da definire. Possiamo dire che si tratta di esperienze personali riguardanti sensazioni piacevoli o spiacevoli, che hanno una funzione cognitivo-affettivo-relazionale. Le emozioni sono segnali, spesso molto forti, che possono essere comunicati e condivisi con altri individui.

Tutti sappiamo che ciò che chiamiamo emozione è qualcosa che modifica lo stato del nostro organismo, che spesso comporta un impulso ad agire, e che si hanno delle specifiche reazioni interiori a seconda del tipo di emozione provata (gioia, stupore, paura, rabbia, tristezza ecc.).

Lo sviluppo delle emozioni

Secondo le ipotesi più condivise si distinguono emozioni fondamentali ed emozioni complesse. Le *emozioni fondamentali* (gioia, rabbia, stupore, paura, disgusto, tristezza) sono innate, universali, precocemente differenziate, in parte non legate allo sviluppo cognitivo, espresse con modalità influenzate dall'interazione con l'ambiente. Hanno un alto valore adattivo (sono cioè strumenti facilitanti l'adattamento all'ambiente umano) e sono la base di *emozioni complesse* e apprese, frutto di autoriflessione e autoconsapevolezza, come la timidezza, la colpa, la vergogna, l'orgoglio, l'invidia.

Il loro sviluppo segue uno schema di questo tipo.

- *0-2 mesi*. Reazioni emotive innate regolate dai processi biologici fondamentali per la sopravvivenza, prive di un effettivo valore comunicativo (reazioni di trasalimento, reazioni di sconforto e di interesse). Anche se prive di un valore comunicativo, queste emozioni sono molto importanti perché, tramite le reazioni fisiologiche, comunicano i bisogni e riescono ad attivare il contatto con chi si prende cura del bambino.
- *3-9 mesi*. Grazie all'interazione relazionale, il bambino sviluppa emozioni con valore comunicativo. Fa la sua comparsa il sorriso, definito in molti manuali come *sociale*, perché appare quando si avvicina al bambino il volto di una persona. Con il sorriso sociale si evolvono le altre manifestazioni emotive quali la sorpresa, la tristezza, la collera, la gioia, la paura, la circospezione con l'apparire della paura dell'estraneo. Queste manifestazioni cominciano a essere potenti mezzi comunicativi sia da parte del bambino sia da parte dell'adulto verso il bambino.
- *9-24 mesi*. La sempre maggiore consapevolezza di sé e dell'ambiente porta il bambino a sviluppare le emozioni sociali complesse (timidezza, colpa, vergogna).
- *Oltre i 24 mesi*. Il bambino progressivamente impara sempre più a regolare le emozioni in accordo con le regole sociali.

Le prime reazioni emotive (disgusto, piacere, trasalimenti) si configurano come risposte espressive comuni a più situazioni. Il sistema di piacere/dolore è l'unico a esprimersi con modalità mimiche universali e invarianti.

Le reazioni fisiologiche del neonato acquisiscono significato grazie a chi si prende cura del bambino. L'attenzione precoce per il volto umano favorisce il processo di differenziazione e di comprensione delle espressioni emotive. Infatti il neonato risponde precocemente in modo congruo alle espressioni di gioia, tristezza e collera e mostra disagio se esse sono sfasate o non adeguate al ritmo dell'interazione a due con l'adulto.

Il riconoscimento delle emozioni da parte del neonato precede l'effettiva comprensione del loro significato. L'importante è che in questa interazione a due si creano aspettative basate sul significato delle diverse espressioni emotive, che aiutano il bambino a regolare il proprio comportamento e progressivamente a esprimere intenzionalmente i propri stati emotivi.

Attraverso la decodifica delle altrui e delle proprie emozioni il bambino diventa capace di utilizzarle come riferimento relazionale. Sviluppa così la capacità di avvalersi delle emozioni altrui per orientare il proprio comportamento. L'attribuzione di importanza alle emozioni nella relazione ha carattere selettivo, nel senso che soprattutto le espressioni delle persone di riferimento diventano la via per interpretare e valutare la situazione.

La capacità del bambino di comprensione del mondo emotivo si affina sempre più attraverso fasi che comportano la sempre maggiore differenziazione tra realtà e finzione. Da quando il bambino comincia a utilizzare modalità di gioco di finzione ("fare come se"), comincia anche a distinguere le differenze tra ciò che accade realmente e ciò che è frutto di immaginazione. La distinzione non è né ovvia né facile né immediata.

Tutta l'età compresa dalla nascita a 6 anni vedrà il frequente altalenarsi del pensiero infantile tra aspetti ritenuti da lui reali ma che tali non sono (vedi "Il pensiero magico", oltre) e aspetti veramente reali. Sarà per lui lento anche l'apprendimento di tutti gli aspetti comunicativi che ricorrono all'ambiguità del significato (dire qualcosa per dire altro, alludere, ammiccare ecc.).

La via della comprensione degli aspetti ambigui nella comunicazione/relazione con gli altri inizierà dalla capacità di modificare deliberatamente le proprie emozioni in accordo con le regole sociali: ad esempio far finta di piangere o essere molto triste per ottenere qualcosa. Ma la strada sarà comunque lunga perché fino a un'età avanzata (circa 9 anni) il bambino non comprenderà che una persona può provare emozioni ambivalenti, cioè compresenti e contrastanti.

Sessualità e identità sessuale

Per sessualità intendiamo un comportamento umano complesso, che abbraccia una vasta gamma di fenomeni, espressioni, manifestazioni:

- finalizzato alla ricerca di piacere attraverso atti (intesi in un'accezione vasta) che attengono alla sfera sessuale dell'individuo;
- che si manifesta sia sul piano personale sia interpersonale;
- che trova il suo fondamento sia nella biologia sia nelle determinanti culturali del gruppo sociale a cui l'individuo appartiene;
- non riducibile agli atti realizzati con gli organi sessuali propriamente detti;
- estensibile all'eroticità dell'intero corpo;
- determinato dall'identità sessuale che l'individuo si è costruita nel corso del suo sviluppo;
- che riguarda ampiamente le modalità di rapportarsi con la propria corporeità;
- che scandisce la vita riproduttiva e quindi anche la gravidanza e il parto.

La sessualità non si distingue dall'*affettività*, sebbene i due termini siano stati spesso contrapposti. Spesso si è caricata l'affettività di valori morali positivi, al contrario della sessualità che è stata vista in negativo. Se prescindiamo da giudizi (o pregiudizi) di tipo morale, possiamo dire che ogni comportamento umano ha una componente affettiva: in altre parole, ogni comportamento, ogni azione o pensiero, è *colorato* emotivamente, ha una sua vibrazione, una sua risonanza. Esiste una gradualità e una variazione estrema tra gli stati emotivi che accompagnano il comportamento individuale: nelle manifestazioni della sessualità l'affettività/emotività/sentimento è sempre, comunque, presente.

La sessualità, come vissuto individuale, è in gran parte, se non totalmente, *corporeità*: conoscenza del corpo, suo uso e valorizzazione, capacità di ascoltarlo, possibilità di ricavarne piacere, facilità/difficoltà di approccio al nostro e al corpo degli altri.

Alla nascita il corpo è il punto di riferimento costante nella comunicazione che si stabilisce tra il neonato e chi lo accudisce, questo *rapporto corporeo* costituisce il principio di ogni relazione, compresa quella sessuale, e ne fonda la qualità. All'inizio la sessualità è tutt'uno con la corporeità. Successivamente emergerà come possibilità di essere descritta autonomamente, ma in realtà non sarà mai disgiunta dal rapporto che l'individuo della specie umana ha con il proprio corpo.

Per mettersi in un qualsiasi rapporto con l'altro, è necessario aver conquistato una propria identità e sicurezza. L'identità del bambino, il riconoscersi come soggetto diversificato dal resto del mondo, passa attraverso un rapporto unico e irripetibile: il rapporto privilegiato con la persona che si occupa di lui. Uno scambio d'amore che, fin dalla nascita, è alla base dello sviluppo affettivo di ogni individuo.

La strutturazione della personalità è fortemente condizionata dal bilanciamento continuo tra gratificazioni e frustrazioni, possibilità da una parte di provare piacere, di accettare se stessi e il proprio corpo, e dall'altra di superare frustrazioni e ostacoli.

All'inizio il bambino non ha nessuna o pochissima tolleranza alle frustrazioni. La ricerca del seno materno ha un significato che va molto oltre la richiesta pura e semplice di nutrimento ed esprime una tensione altamente affettiva. La tolleranza dell'attesa e la fiducia di non essere abbandonato nascono gradatamente nel tempo. Le esperienze gratificanti, la risposta sollecita e tenera gli danno fiducia in quello scambio d'amore di cui ha bisogno e, nel contempo, gli insegnano che può aspettare. L'accettazione della frustrazione dell'attesa, che poi verrà ripagata, è uno dei passi fondamentali per credere in se stessi e nel rapporto con gli altri, anche nel rapporto d'amore.

Le modalità di rapporto corporeo dei primi mesi lasciano tracce indelebili nel comportamento sessuale successivo, tanto che il bagaglio di nozioni e informazioni che viene dato dall'età in cui è possibile una comunicazione linguistico-verbale con i bambini, rischia di diventare irrisorio e in contraddizione con quanto il bambino *sa già* attraverso il proprio corpo, che ha vissuto direttamente l'esperienza di un piacere, di una privazione o di un'inibizione (fondamenti della sua sessualità).

Sarà maschio, sarà femmina: la nascita dell'identità sessuale

Per identità sessuale si intende il senso di se stessi in rapporto ai propri comportamenti sessuali. L'identità sessuale che un individuo sperimenta come propria ne determina il *ruolo sessuale*, insieme alle costellazioni di attributi che egli percepisce come caratterizzanti i maschi e le femmine nella sua cultura.

L'identificazione sessuale di un individuo è un processo molto complesso che inizia prima della nascita e viene condizionata da due diversi fattori:

- il *fattore biologico*, che determina il sesso attraverso i cromosomi sessuali (XX, XY) e il conseguente sviluppo degli ormoni, delle gonadi, degli organi sessuali esterni;
- il *fattore culturale*: a influenzare il ruolo maschile o femminile di un individuo sono da un lato le aspettative e i desideri (consci e inconsci) della famiglia e dell'ambiente socioculturale, dall'altro la situazione psicologica del bambino, i suoi eventuali conflitti interiori, entrambi in continua evoluzione a seconda dell'età e delle sue relazioni ed esperienze.

Mentre sono rarissime le condizioni patologiche che alterano il fattore biologico, molto frequenti sono invece le cause individuali, ambientali e sociali che possono alterare un armonico sviluppo della sessualità.

L'educazione sessuale inizia ancora prima della nascita, determinata dalle aspettative che hanno i genitori sul sesso del futuro bambino, ed è strettamente legata al ruolo che, come esseri sessuati, loro stessi hanno svolto con i comportamenti sia manifesti che intimi.

Per i bambini l'educazione sessuale è legata a quello che pensano e a come agiscono coloro che li circondano: genitori, ma anche educatori di asili nido, insegnanti di scuola dell'infanzia, coetanei, oltre alle ideologie dominanti nel gruppo sociale più vasto.

Nella nostra società sono presenti moltissimi stereotipi sulle differenza tra i due sessi, le loro abilità, i loro sentimenti, i loro comportamenti, il loro rapportarsi con gli altri. Esistono credenze molto diffuse e costanti circa il fatto che i due sessi siano fondamentalmente diversi tra loro a livello psicologico.

Sulla base di queste credenze possiamo costruire uno schema delle diversità:

- maschio: avventuroso, ambizioso, indipendente, creativo, logico, realista, costante, forte;
- femmina: affettuosa, curiosa, sognatrice, emotiva, gentile, ansiosa, paurosa, dipendente, paziente, sensibile, sentimentale.

Un adulto con questo tipo di ideologia (di valori e di credenze assunte) avrà un'alta probabilità di indirizzare l'educazione dei figli verso questi stereotipi che – per lui – diversificano i due sessi.

Lo sviluppo dell'identità sessuale

Lo sviluppo dell'identità sessuale procede inizialmente tramite l'identificazione di caratteristiche fisiche simili alle proprie e a quelle delle persone familiari e porta alla creazione di categorie mentali sulla differenza di genere, grazie a cui il bambino apprende anche la propria identità sessuale e i comportamenti tipici del proprio sesso.

Fino a pochi decenni fa gli studi sul rapporto tra le caratteristiche di personalità e le differenze di genere sostenevano l'esistenza di notevoli diversità tra i due sessi, attribuendo ai maschi maggiori aggressività, autostima, spinta al successo e all'autorealizzazione e alle femmine maggiori socievolezza, livello di ansia, suggestionabilità, paura dell'insuccesso.

Questi studi sono oggi giudicati non attendibili, ma guidati da pregiudizi e influenzati da stereotipi sociali. A livello scientifico si pensa che tra maschi e femmine siano più numerose le somiglianze che non le differenze. Alcune differenze possono riscontrarsi forse nella scelta dei compagni di gioco, nella scelta dei giocattoli, nello stile relazionale.

È sulla base di stereotipi tradizionali che si fondano tutti i messaggi pubblicitari, ampiamente intrisi di sessualità e ruoli sessuali. Tra gli altri stereotipi ricordiamo qui quelli per cui la sessualità è "roba da giovani", che i bambini e gli adulti oltre una certa età ne sono esclusi, che è legata alla bellezza, che è l'uomo che deve fare il primo passo ecc.

I bambini a 5 anni sono già capaci di descrivere il comportamento che i genitori si aspettano da loro, ritenendolo come il più appropriato, per il sesso di appartenenza. Le bambine, ad esempio, saranno indirizzate fin dalla primissima età a giocare con le bambole, i maschi con le automobili e i fucili: anche la scelta dei giocattoli svolge la sua parte nell'apprendimento del ruolo sessuale. Ma è soprattutto il modo in cui gli adulti vivono ed esplicano il loro ruolo sessuale che costituisce per il bambino il modello e quindi la primaria fonte di assunzione di un modo particolare di esprimere la sessualità attraverso il ruolo.

Nella storia, anche recente, della nostra cultura, fino all'apparire della società dei consumi e all'impiego dei mass media, la manifestazione del comportamento sessuale era legata ai ruoli tradizionali e alla loro trasmissione. Oggi, nonostante la persistenza a livello di stereotipi e di pregiudizi dei ruoli sessuali tradizionali, si assiste anche a crisi sempre più profonde nella determinazione di tali ruoli, non più così chiaramente delineati né accettati (ad esempio, all'interno della famiglia, riguardo all'allevamento dei bambini ecc.) e questo grazie anche alla nuova coscienza di categorie sociali storicamente sottomesse od ostracizzate (donne, omosessuali).

L'imbarazzo dell'educazione

La sessualità infantile può fare paura all'adulto. Un bambino che esplora il proprio corpo alla ricerca costante di una situazione di piacere può turbare l'adulto, tanto più se questi è invece incapace di vivere con gioia e tranquillità la propria sessualità. È la paura a parlare e a riconoscere la sessualità nostra e quella infantile che trasmetterà al bambino l'idea del proibito; le espressioni di disgusto legate agli organi genitali – e, più in generale, alle funzioni corporee – saranno quelle che indurranno nel bambino l'idea di *sporcizia* legata a questi organi e alle loro funzioni. Così la nostra repressione delle *parolacce* confinerà nel proibito e nell'ipocrisia la sessualità, anche a livello linguistico.

È l'imbarazzo dell'adulto nei confronti delle manifestazioni sessuali che viene trasmesso ai bambini ogni volta che le nostre azioni e le nostre parole non sono esaurienti o, peggio, mistificatorie o solo repressive. Per il bambino è assolutamente non collocabile il fatto che l'esplorazione del proprio corpo debba essere limitata a certe zone e interdetta ad altre: perché è permesso esplorare, giocare, manipolare i piedi o le gambe e non è permesso per i genitali?

È indubbio che la sessualità infantile non riconosciuta, bloccata, negata, repressa, rifiutata, comporterà dei danni alla salute dell'individuo.

Se noi adulti siamo disponibili a osservare la realtà dei comportamenti infantili, ci accorgeremo che le spiccate doti di osservazione del bambino (attenzione, curiosità, interesse alle scoperte, gioia per le nuove conoscenze ecc.) non vengono limitate a nessun aspetto del suo corpo.

Vorremmo sottolineare che bloccare l'aspetto sessuale, nell'esplorazione del corpo, non vuol dire inibire un solo aspetto, perché la corporeità è una totalità e la sua comprensione, interiorizzazione, accettazione o è globale o è perduta.

Il gioco

Giocare, per il bambino, vuol dire esprimere le proprie esigenze vitali: possibilità di muoversi, di capire, di entrare in rapporto con il mondo e con gli altri, inventare la realtà per comprendere. Il gioco è un'attività connotata da almeno due caratteristiche:

- non ha una finalità direttamente pratica;
- è accompagnata da palese divertimento.

L'adulto crede di individuare il gioco del bambino in momenti particolari, escludendone altri. Spesso egli interviene dicendo: adesso smetti di giocare, andiamo a vestirci, a mangiare, a lavarci. Ma per il bambino è gioco il contatto stesso con la persona che si prende cura di lui, è gioco il tendere e ricondurre a sé le braccia e le gambe, il sollevarsi da prono puntando gli arti inferiori, il seguire con lo sguardo i movimenti delle proprie mani, il toccare e impossessarsi degli oggetti, l'ascoltare e ripetere suoni.

Il lattante gioca con il seno, con il corpo dell'adulto che si prende cura di lui, con il proprio corpo. Lo esplora, porta i piedi alla bocca, gioca con i genitali: e tutto questo è per lui fonte di piacere e insieme esercizio funzionale e occasione di conoscenza. È tipica di questa età un'attività ludica nella quale le emozioni e le sensazioni sono strettamente collegate con il movimento e con la manipolazione.

L'uso volontario delle mani è un momento decisivo per il bambino, come lo sarà il poter camminare e lo spostarsi nell'ambiente. Il bambino scopre infatti la possibilità di *prendere* gli oggetti, oltre a quella già conosciuta di riceverli. Scopre che può afferrare, dirigersi verso qualcosa: tutte azioni attraverso le quali il suo pensiero si riconosce e si esprime.

È attraverso le azioni che il bambino valuta le caratteristiche delle cose e costruisce la sua rappresentazione del mondo.

Per il bambino piccolo sono più comprensibili i gesti e le parole inseriti nell'emozione dell'azione, che non i gesti o le parole astratti, distanziati dalle emozioni e dagli atti. Lo vediamo instancabile in attività che gli procurano anche piacere: tocca, afferra oggetti, li agita, li batte, li lancia, ne ascolta i rumori, li sposta, vi scivola dentro o sopra, travasa, riempie e vuota, si sposta, investigando lo spazio in ogni lato e intanto apprende forme, dimensioni, direzioni, relazioni di spazio e di tempo.

Il bambino vive con tutto il suo corpo questa esplorazione che organizza e modifica l'ambiente. A noi adulti può apparire attività inutile, o peggio, confusione: per il bambino è il modo di crescere e di organizzare i dati della realtà. Il gioco offre al bambino la possibilità di esercitare il proprio repertorio di abilità cognitive, affettive, manuali, motorie: si gratifica con il senso di efficacia che nasce in lui dall'azione ripetuta.

Il gioco tra invenzione e regole

Il gioco va dal polo della spontaneità a quello opposto della strutturazione ovvero dal polo dell'immaginazione a quello opposto delle regole.

Nell'attività ludica l'antitesi gioco/serietà resta sempre instabile. Nel pensare comune il gioco equivale alla non-serietà ("questo è un gioco", "questa è una cosa seria"), ma giocare può essere la cosa più seria del mondo. La consapevolezza di star giocando fa vivere il gioco in modo pienamente serio.

Il gioco crea un ordine, è di per sé un ordine. Entro gli spazi assegnati al gioco regna un ordine preciso e assoluto: chi viola le regole esce dal gioco.

Nel gioco simbolico il bambino anziché evadere dalla realtà, si fa presente a se stesso cercando una propria collocazione nella realtà. Va oltre il quotidiano, fa svolgere al gioco la realizzazione dei propri desideri, ripete situazioni di apprendimenti nuovi, cerca di capire l'ambiente familiare e non.

Lo sviluppo delle fasi del gioco

Gioco funzionale (a 1 anno)

È la fase che vediamo anche nei cuccioli degli animali: un gioco motorio e di affinamento delle reazioni. È presente nei bambini nell'attività motoria finalizzata a se stessa, che produce sicuramente piacere e che serve ad affinare movimenti e risposte agli stimoli.

Gioco simbolico e gioco di finzione (da 2 a 6 anni)

Il gioco simbolico richiede capacità rappresentative e metarappresentative. Capacità cioè di utilizzare elementi della realtà (azioni, oggetti, situazioni, eventi) per esprimere elementi assenti nonché l'utilizzazione di abilità linguistiche per comunicare le proprie rappresentazioni. Questo tipo di gioco contraddistingue gli esseri umani. È un gioco in cui si realizza la capacità di staccarsi dal reale, manipolando le rappresentazioni che abbiamo del reale nella mente.

Il gioco simbolico compare verso i 2 anni e raggiunge la sua massima espressione tre i 4 e i 6 anni. È spesso praticato anche in età successive, in alcuni casi fino ai 10-11 anni.

I giochi simbolico-imitativi svolgono una parte centrale della vita del bambino in età prescolare, integrandosi nelle attività sociali sotto forma di giochi sociodrammatici nei quali ogni partecipante (bambole, pupazzi raffiguranti animali ma anche qualsiasi oggetto al quale il bambino attribuisce una personificazione) recita un ruolo.

Questa tipologia di gioco si sviluppa in quello che viene definito *gioco di finzione,* il quale include interazione, immaginazione, trasformazioni simboliche, movimento. Il gioco simbolico consente l'espressione di sé; favorisce la distinzione tra realtà e fantasia; stimola l'adattamento sociale; costituisce una motivazione per l'apprendimento; migliora lo sviluppo cognitivo; migliora la creatività.

Gioco simbolico e linguaggio

In questi contesti (gioco simbolico e di finzione) svolge una funzione primaria il linguaggio verbale. I dati evidenziano corrispondenze tra lo sviluppo del primo linguaggio e lo sviluppo del gioco.

Il livello di gioco con oggetti è più evoluto in quei bambini che utilizzano maggiormente il linguaggio verbale nella comunicazione con adulti e coetanei. La comprensione di gesti simbolici procede parallela alla comprensione del linguaggio durante il 3° anno di vita.

La situazione di gioco simbolico condiviso richiede la padronanza del livello metacomunicativo negli scambi conversazionali, vale a dire la capacità di negoziare significati, turni, ruoli e di pianificare strutture di azioni complesse.

Gioco linguistico

All'età di 3-6 anni (e oltre) il gioco linguistico è frequente tra i bambini. Questo tipo di gioco assume forme varie e interessa sia gli aspetti fonologici sia sintattici, semantici e pragmatici. Del gioco linguistico fa parte, ad esempio, l'invenzione di parole segrete per formare frasi che gli altri non possono decifrare. Sono famose le invenzioni di linguaggi dei gemelli, ma molti altri bambini condividono con i coetanei linguaggi inventati, magari mettendo una vocale o una consonante dopo ogni sillaba di ogni parola che dicono ("orso" può cosi diventare *oreso* o *orcso* e così via). Il gioco linguistico assume molte e importanti funzioni: presuppone una padronanza della lingua e dei suoi costituenti fonemici (consapevolezza che viene detta *metalinguistica,* con la quale si intende la possibilità di riflettere sui costituenti del linguaggio), facilita la sperimentazione delle regole linguistiche, incrementa lo sviluppo semantico; prepara il terreno alla comprensione dei motti di spirito (che avverrà in età successive).

Il giocattolo

Lo sviluppo dell'industria del giocattolo e il fatto che al bambino venga proposto nella quasi totalità dei casi un giocattolo di tipo industriale fanno sì che le manipolazioni, se non limitate nel numero, siano però circoscritte a una gamma molto precisa e, a lungo andare, ripetitiva di oggetti. Inoltre le manipolazioni che i giocattoli industriali permettono sono sempre più spesso fittizie: nei giocattoli dotati di automatismi (motori, pile, tasti di accensione ecc.) l'azione viene fondamentalmente svolta dal giocattolo stesso, rendendo così il bambino spettatore passivo e limitandogli la possibilità di incontrare ostacoli autentici. Si limita cioè la possibilità di provarsi e di superare questi ostacoli, di impegnare attivamente le proprie facoltà per la risoluzione dei problemi posti dalla realizzazione di un certo gioco.

L'inconveniente di tutto questo è la separazione degli oggetti dalla loro funzione essenziale nei confronti dei bambino – e cioè l'azione su di essi e l'organizzazione dell'ambiente – conservando solamente una finalità soggettiva di ordine ludico e affettivo, ma fittizia per quanto riguarda la conoscenza (comprensione) della realtà.

Questo tipo di giocattolo invece di aiutare la crescita del bambino, rischia di mantenerlo strettamente legato alla sua condizione di essere incapace di controllare le finalità delle proprie manipolazioni.

I primi oggetti manipolati efficacemente dal bambino, oggi, sono rimasti quelli legati alla sua autonomia personale (vestiti, oggetti per alimentarsi, per la toilette ecc.) e, successivamente, quelli legati all'apprendimento scolastico od oggetti di tipo casalingo (da bricolage, per i lavori domestici).

I GIOCATTOLI DEL NEONATO

La funzione dei giocattoli che da sempre si producono per il neonato in realtà non è tanto quella di offrirgli strumenti per divertirsi sperimentando, ma piuttosto quella di inserire nello spazio di vita dell'adulto degli oggetti, dei simboli che "fanno bambino": promemoria per se stessi e gli altri del fatto che in quello spazio è arrivato un bambino piccolo. Molto più creativo e affascinante infatti è per lui il corpo che scopre o lo spazio delle luci e delle ombre con tutti i suoi rumori di vita che lo avvolge, piuttosto che l'oggetto in plastica atossica, del colore adatto al neonato, che suona, gira, si incastra ecc. Lo stesso in fondo si può dire per tutto ciò che arreda la stanza, motivata nei colori e nei termini da presunte esigenze del bambino, ma che in realtà è soltanto il risultato di una somma di simboli e segnali che nel tempo si sono venuti codificando a comunicare al gruppo sociale che quello è uno *spazio da bambini*. Dunque la logica dei giocatoli da culla è più quella di alimentare simbolicamente l'atmosfera di accoglienza del bambino che non quella di essere strumenti necessari per la sua crescita (nonostante le raccomandazioni di produttori e commercianti che spesso siglano le confezioni di questi prodotti con approvazioni di società mediche e pedagogiche varie). Questo non significa che non si debbano avere questi giochi o tanto meno che siano dannosi; è importante però prendere coscienza che i migliori giochi li abbiamo già con noi, in casa, senza ulteriori spese: sono il nostro corpo, i suoni che emettiamo e che ci circondano, i colori e le ombre, gli oggetti che accompagnano il vivere quotidiano e soprattutto il tempo e la disponibilità a dialogare *fisicamente* col bambino.

Qualche volta l'oggetto-giocattolo può servire da occasione, da scusa affinché l'adulto entri in relazione e quindi inizi a giocare col bambino. Ma da solo questo oggetto non può portare informazioni cariche di valore. Un esempio: le piccole api che girano con monotona regolarità sopra la testa del bambino, senza che accada mai nulla di diverso, indipendentemente dal fatto che il bambino rida o pianga. Lui stesso sperimenta l'assenza di relazione con quest'oggetto: qualunque cosa lui faccia loro girano... fino allo scaricarsi della molla. Ed è solo allora che scatta la funzione ludica: si piange, il volto del genitore si affaccia dal bordo della culla, dice due parole, un sorriso, un contatto fisico, riavvia la molla, se ne va... e il gioco finisce.

Parte quarta

La nascita della parola

Comunicazione e linguaggi

Lo sviluppo della lingua parlata è un processo stupefacente e affascinante. Solamente gli uomini, fra tutti gli animali, hanno raggiunto la possibilità di parlare. Gli altri animali hanno forme di comunicazione tramite le quali possono inviarsi informazioni, però nessuno di essi, neppure tra quelli più vicini a noi come le scimmie antropoidi (gibbone, gorilla, orango, scimpanzé) ha sviluppato questa capacità.

Alla nascita il bambino comunica con il pianto e con un repertorio di suoni che modula con varia intensità, ma la cui decifrazione è molto difficile e a volte impossibile. Nel giro dei primi 3 anni di vita arriva a organizzare il proprio linguaggio verbale in espressioni assolutamente comprensibili e molto elaborate. Ma per giungere a parlare, il bambino deve prima imparare a comunicare intenzionalmente. Il linguaggio parlato è, infatti, uno dei diversi sistemi a disposizione del bambino per comunicare con gli altri, anche se ben presto esso diventa un sistema privilegiato. È importante individuare quali sono i collegamenti fra le capacità comunicative generali dell'infante e le sue successive abilità linguistiche.

La competenza comunicativa tramite la quale un bambino esprime stati mentali ed emotivi precede e accompagna il linguaggio parlato. Il neonato nasce con quella che si potrebbe chiamare *dotazione comunicativa iniziale* che gli consente di cominciare a strutturare atti comunicativi. Queste prime forme evolvono in una *intenzione comunicativa*, che precede la parola. Nel corso del 1°-2° anno, il bambino arriva così alle prime forme di linguaggio parlato.

COSA È LA COMUNICAZIONE

La comunicazione è un comportamento in cui due o più individui si scambiano reciprocamente informazioni. Siamo abituati a considerare comunicazione solamente quella basata sulle parole: in realtà noi mandiamo costantemente messaggi/informazioni con tutto il nostro corpo e con le sue parti (movimenti, gesti, espressione e mimica del volto, sguardi, intonazione della voce, tensioni muscolari o distensioni, arrossamenti, pallori ecc.) e riceviamo questo tipo di informazioni dagli altri.

Praticamente è impossibile non comunicare; anche l'immobilità e il silenzio inviano agli altri precise informazioni: indifferenza, rifiuto, dolore e così via.

La comunicazione di tipo non verbale viene appresa al pari di quella verbale e subisce un'evoluzione nel corso dei primi anni di vita. All'inizio della vita extrauterina comportamenti quali il pianto o il sorriso sembrano avere una valenza di *richiamo* comunicativo unidirezionale, compreso solamente dall'adulto. Ben presto, già nei primi giorni, acquistano valenze più complesse evolvendo in scambi comunicativi reciproci.

Le basi del sistema comunicativo sono presenti fin dalla nascita, come repertorio espressivo non verbale. Bambini nati ciechi, sordi e muti, ridono, sorridono, aggrottano le sopracciglia, piangono. Questo repertorio innato viene successivamente arricchito e il bambino impara anche quali espressioni di emozioni possono essere manifestate e quali invece no, in relazione a particolari contesti sociali.

La dotazione comunicativa del neonato

Alla nascita il bambino è predisposto a essere un soggetto attivo nell'acquisizione di abilità comunicative. È dotato di capacità specifiche per elaborare le informazioni che provengono da altri esseri umani. Già in fase fetale ha incontrato la voce materna, trasmessa dalle ossa e dai tessuti, e questo suono sarà quello preferito dopo la nascita rispetto a quello emesso da altre donne.

La voce della madre ha trasmesso al bambino in utero anche la *prosodia* della lingua materna, cioè il ritmo della sua lingua di appartenenza, che costituisce il primo elemento linguistico con il quale il feto familiarizza.

Il neonato è capace, nelle prime settimane, di discriminare le caratteristiche acustiche generate dai suoni vocalici e consonantici. Questa capacità è rivolta a tutti i suoni possibili di tutte le lingue umane, mentre successivamente saprà discriminare solo i suoni della propria lingua.

Nel corso del 1° anno di vita le vastissime potenzialità linguistiche iniziali si restringono in maniera drastica e le aree del nostro cervello predisposte a decodificare i suoni linguistici perdono la sensibilità di decodifica delle altre lingue per concentrarsi sulla propria. Questa perdita è d'altronde necessaria per arrivare a distinguere sempre più finemente i suoni della propria lingua e utilizzarli per parlarla bene.

Lo studio dello sviluppo della competenza comunicativa pone in evidenza che la comunicazione è un'*attività sociale* in quanto questo sviluppo avviene esclusivamente attraverso l'interazione con altre persone. L'interazione sociale incrocia con il dato biologico, cioè la predisposizione alla comunicazione; questa predisposizione è molto plastica e flessibile. Il bambino è quindi pronto sin da subito ad accogliere gli apprendimenti comunicativi e linguistici così come gli vengono offerti nelle varie situazioni quotidiane più diverse. E mentre si sviluppa la competenza comunicativa, questa è anche causa ed effetto di altri aspetti cognitivi, di tipo ideativo, affettivo e sociale.

Lo sviluppo delle competenze comunicative non è un processo meccanicistico, che si impone al bambino dall'alto del mondo adulto, è invece un sistema di continue sequenze di scambi tra il bambino e chi si occupa di lui. È un *sistema aperto* nel senso che, attraverso le interazioni quotidiane con gli altri, il bambino impara a dare significato ai comportamenti attuati nei suoi confronti, e i familiari (e altri) imparano ad attribuire un significato ai comportamenti del bambino.

Il bambino e l'adulto imparano cioè a sintonizzare e modificare le proprie azioni rispetto alle azioni dell'altro e, solitamente, lo fanno in maniera che entrambi ne traggano piacere e appagamento. È frequente osservare un adulto che imita il bambino (spalancare la bocca, sorridere, fare suoni vocalici, muovere le mani ecc.): si tratta di una imitazione selettiva che il bambino spesso accoglie ripetendo gesti e suoni, e che lo aiuta a dare significato ai propri comportamenti. La reciproca imitazione si configura in quello che è chiamato "pseudodialogo", nel quale già compare la struttura fondamentale che è quella di darsi turni nel dialogo. In maniera abbastanza veloce si sviluppa la capacità di comprendere le intenzioni degli altri e di manifestare le proprie, soprattutto rispetto all'allattamento e nello svolgersi delle azioni più ripetitive, quotidiane. Verso gli 8-9 mesi il bambino attua comportamenti che ci fanno capire che ha sviluppato la capacità di manifestare intenzioni che servono per il raggiungimento di particolari scopi.

Per sviluppare competenze comunicative in generale e linguistiche in particolare, il bambino deve utilizzare la sua innata predisposizione al *comportamento sociale*. Il neonato tramite l'allattamento, già nei primi giorni, è in grado di stabilire con la madre un sistema di turni (l'alternarsi delle suzioni) che, con le sue attese, ritardi, pause, costituisce la base del sistema sociale. La preferenza che il neonato ha per il volto e la voce umani lo portano a considerare l'adulto come il soggetto in grado di rispondere alle proprie esigenze.

Da questa prima esperienza di comunicazione con gli altri, il bambino ricava una serie di modelli interpretativi della realtà. Anche l'adulto, nella sua esperienza comunicativa col bambino, ha l'occasione di imparare a comunicare in maniera sempre più efficace con lui. Se l'adulto che incontra un bambino (in famiglia o nelle istituzioni educative o in rapporti amichevoli) ha la capacità di mettersi in gioco, può anche lui crescere socialmente, attuando una costante revisione dei propri modelli comunicativi.

Come nasce il linguaggio

Imparare a capire e parlare una lingua sembra un'impresa complessa quando se ne analizzano gli aspetti costitutivi. Eppure, se si osserva un bambino che apprende spontaneamente la lingua del suo gruppo di appartenenza culturale, sembra che la sua acquisizione sia la cosa più naturale e facile di questo mondo. Per renderci conto della complessità di questo apprendimento esaminiamo quali fattori principali costituiscono una lingua.

Una lingua è anzitutto legata a *fattori semantici*: deve cioè poter rappresentare simbolicamente oggetti, eventi, stati emotivi, concetti astratti. Ad esempio la parola "cane" non ha in sé nessun attributo perché con essa si possa indicare l'animale, è cioè una convenzione del gruppo linguistico italiano che in un dato momento della sua storia ha deciso di denominare un dato animale con un dato suono. Tanto è vero che altre lingue denominano diversamente lo stesso animale: *dog* in inglese, *perro* in spagnolo, *Hund* in tedesco.

Secondariamente una lingua deve essere dotata di *dislocazione temporale,* deve cioè potersi riferire oltre che al presente anche al passato e al futuro.

In terzo luogo deve essere caratterizzata da *produttività/creatività*: chi parla deve essere in grado di poter comprendere frasi mai sentite prima e produrre a sua volta, con il ristretto numero di suoni specifici della propria lingua, un numero indefinito di informazioni e messaggi, coniando anche espressioni diverse da quelle che gli sono state presentate fino a quel momento. E tale creatività del linguaggio deve tuttavia rispettare al contempo *regole rigide* (regole grammaticali e sintattiche) e *regole arbitrarie* (combinando i suoni del proprio linguaggio nella creazione di vocaboli diversi).

Il progresso di apprendimento linguistico è tanto rapido e sicuro da far pensare a molti studiosi che lo sviluppo linguistico dopo l'età dei 3-4 anni consista nella capacità di combinare diversi meccanismi fondamentali già posseduti.

I miglioramenti consisterebbero pertanto, una volta apprese le regole costitutive di una lingua, nell'accrescimento di abilità d'uso contestuale e sociale del linguaggio.

Dal gesto alla parola

Alla nascita il bambino non comunica volontariamente né con la voce né con i gesti. E prima ancora di raggiungere la capacità di esprimersi con le parole il bambino sviluppa una comunicazione gestuale per indicare cosa vuole o ciò che lo interessa. Questa modalità di comunicazione gestuale nasce progressivamente dall'interpretazione che l'adulto dà ai movimenti spontanei del bambino cominciando a cogliervi una intenzionalità anche quando questa non c'è.

Nei primi mesi di vita il bambino vede un oggetto che attrae la sua attenzione, tende il braccio e tenta di afferrarlo con la mano. L'oggetto è lontano e la prensione diretta fallisce. L'adulto allora prende l'oggetto che interessa il bambino e glielo dà. Successivamente a questa prima fase, il bambino si accorge che basta indicare con l'indice l'oggetto perché l'adulto comprenda e glielo porga. Quasi sempre parlandogli e nominando l'oggetto con le parole: "Vuoi la bambolina? Eccola, questa è la bambolina".

La gestualità nel bambino è spesso accompagnata da suoni che, almeno nei primi mesi, non hanno ancora valore di segno linguistico. L'apprendimento del linguaggio passa attraverso una fase in cui il bambino, senza esserne cosciente, assume il valore semantico (cioè di significato) della parole: ovvero il valore attraverso il quale il suono della parola *serve per* indicare un oggetto o una persona o parti di oggetti o parti di persone.

I gesti che indicano qualcosa sono i prodromi del linguaggio e non spariscono con l'apparizione di questo. Anzi quando il bambino raggiunge lo stadio di espressione orale per indicare qualcosa o richiamare l'attenzione dell'adulto, accompagna la parola con il gesto, esprimendo insieme a una comunicazione verbale anche una comunicazione non verbale. E così fa anche l'adulto con il bambino. In questo modo fin da subito la comprensione del contenuto linguistico viene definita dalla contestualizzazione data dal non verbale. Le due modalità comunicative si evolvono parallelamente intrecciandosi e cooperando per riuscire vicendevolmente a definire il contenuto e il significato di ciò che si vuole trasmettere. La comunicazione linguistica è, nella fase del suo apprendimento, un sistema altamente integrato di gesto e parola.

Successivamente, con la comparsa del linguaggio, il bambino dirà la parola, sia pure inizialmente parziale o camuffata, indicando l'oggetto.

Mediamente intorno ai 6-8 mesi i gesti cominciano a diventare intenzionali per indicare, mostrare, dare. Prima di questa fase il bambino ha intensi scambi affettivi con le altre persone e con gli oggetti che preferisce. Può cercare così di raggiungere un giocattolo che gli piace, ma ancora non è capace di *chiedere*, facendo in modo, con i gesti o lo sguardo, che l'adulto glielo avvicini. Perché questa intenzione si manifesti bisogna che raggiunga la capacità cognitiva di distinguere mezzi e scopi e di utilizzare intenzionalmente gli strumenti comunicativi adeguati. In questa fase il bambino userà gesti per indicare ciò che lo interessa. Questi gesti sono chiamati *gesti deittici*, cioè che servono a indicare qualcosa. Più o meno nello stesso tempo comincerà anche a utilizzare gesti con valore simbolico. Se suona il telefono porterà la mano all'orecchio ("come se" utilizzasse l'apparecchio telefonico).

Questo secondo tipo di gestualità viene detta *rappresentativa* e permette al bambino uno scambio simbolico – l'utilizzo di qualcosa *per* qualcos'altro – ed è direttamente legato alla nascita del linguaggio come valore semantico (trasmettitore di simboli).

La conoscenza e l'utilizzo dei primi significati segue una progressione che va dall'azione al gesto. Gesti e parole usati in assenza di contesti di azione assumono gradatamente una funzione simbolica. Ad esempio: il bambino impara a utilizzare appropriatamente il cucchiaio, poi prendendo un oggetto qualsiasi finge di utilizzarlo come cucchiaio, quindi dirà la parola "cucchiaio" portando le mani alla bocca, per poi utilizzare la parola anche senza la gestualità simbolica. Da quando il bambino raggiunge le 50 parole si ha una diminuzione dei gesti referenziali. Tra i 18 e i 24 mesi solitamente il repertorio vocale supera quello gestuale.

GESTI DEITTICI E GESTI RAPPRESENTATIVI

Nello sviluppo della comunicazione con l'adulto, il bambino utilizza prima della parola i gesti. Sono due le categorie gestuali.

- *Gesti performativi o deittici* che servono per indicare, mostrare, dare, richiedere qualcosa, solitamente estendendo il dito indice e dirigendolo verso oggetti o persone. Questi gesti esprimono intenzione comunicativa riferendosi a un oggetto-evento che si può individuare osservando il contesto (ad esempio stendere il braccio con la mano aperta e il palmo rivolto verso l'alto o verso il basso; aprire e chiudere la mano; indicare ecc.). Sono utilizzati per richiedere l'intervento o l'aiuto dell'altro o per attirare l'attenzione e la condivisione di un evento.
- *Gesti referenziali o rappresentativi* che esprimono un'intenzione comunicativa rappresentando un referente specifico; il loro significato non varia sulla base del contesto: ad esempio agitare le mani per significare farfalla; aprire e chiudere la mano per dire "ciao"; muovere la testa per dire "no", portare la mano o l'indice alla bocca per dire "voglio bere". Portare la mano alla bocca per significare bere è qualcosa di più che non il bere in se stesso. Si attua un gesto per significare qualcos'altro, come avverrà con la parola "bere". C'è una relazione tra repertorio gestuale e vocale nello sviluppo. Nel periodo in cui il bambino usa gesti referenziali avviene la comparsa delle prime parole.

Già dopo il 2° mese compaiono vocalizzazioni che assomigliano a suoni vocalici e che il bambino utilizza in risposta a chi gli sta parlando, iniziando a utilizzare l'alternanza di turno tra il parlante e il bambino. Gioca e si esercita a controllare i suoni della sua lingua cominciando anche a introdurre suoni con l'intonazione tipica.

Al pianto e ai vocalizzi delle prime settimane si aggiungono suoni vocalici di diversa tonalità e timbro, seguiti verso i 5-6 mesi da suoni consonantici.

Verso il 6° mese il bambino comincia a produrre sequenze di sillabe, come *ga-gaga, lala-la, da-dada,* che verso i 10 mesi si sviluppano in sequenze più lunghe e complesse *bababam, mama-mama, papapa, tatte.* È la fase descritta come *lallazione,* nella quale il bambino produce suoni come in un gioco, che lo diverte molto. La lallazione è la fase precorritrice delle prime parole (*la-la, pa-pa* e così via). In questa fase spariscono i suoni che non sono tipici della lingua di appartenenza. È questa l'epoca di apparizione anche dei primi vocalizzi intenzionali spesso in combinazione con lo sguardo, i gesti e il sorriso diretti all'interlocutore. I gesti che il bambino sa compiere si accrescono e si diversificano da questa fase in maniera sempre più frequente.

Tra i 9 e i 13 mesi i gesti servono per indicare, dare, mostrare. I gesti assolvono spesso allo stessa funzione che sarà poi svolta dalle parole: sono cioè simbolici e referenziali: stringere e aprire la mano per dire "ciao", scuotere la testa per dire "no" o "sì".

Nello stesso periodo si fanno sempre più frequenti gli scambi comunicativi con gli altri, soprattutto adulti, che precorrono il dialogo verbale. Sono scambi spesso del tipo *gioco di scambio,* cioè dare e ricevere oggetti alternativamente. L'alternanza dei turni attuata con gli oggetti sarà poi trasferita nell'alternanza del dialogo verbale, nel dire e aspettare la risposta.

Già alla nascita si possono cogliere le prime forme dialogiche: il bambino sospende il suono quando l'adulto parla e poi nelle pause riprende le vocalizzazioni. La struttura dialogica della relazione con gli altri appare molto precocemente e diventa sempre più organizzata col passare dei mesi.

Fino a verso la metà del 2° anno di vita la gestualità accompagna solitamente le prime parole, tanto da poter parlare di un *unico sistema comunicativo gesto-verbale.* La distinzione netta tra queste due modalità comunicative (la gestuale e la verbale) comincerà a manifestarsi verso i 18 mesi, epoca dalla quale si assiste a una crescita esponenziale del vocabolario e alla susseguente scomparsa dei gesti referenziali. Come se il bambino capisse che basta la parola per riferirsi agli oggetti. La gestualità rimarrà per tutta la vita come accompagnamento delle parole, ma sarà essenzialmente di tipo enfatico, cioè volta a sottolineare ciò che si vuol dire ma non a puntualizzare esattamente la parola come all'inizio dell'apprendimento linguistico.

Nei primi mesi del 2° anno il bambino sviluppa le sue capacità di emettitore di suoni che mano a mano acquistano un significato linguistico comprensibile.

Quando cominciano a parlare, i bambini capiscono molte più parole di quelle che riescono a produrre. Intorno ai 10 mesi, mediamente, sono in grado di capire circa 50 parole e ne comprendono oltre 100 quando cominciano a produrre le prime parole. Dopo un periodo iniziale, che dura qualche mese, in cui la produzione di parole nuove. strettamente legate a contesti familiari. si attesta sulle 50-70, intorno ai 2 anni si verifica una vera esplosione di vocabolario. In questa fase il bambino impara con velocità sorprendente un grande numero di parole nuove. Ai nomi utilizzati in prevalenza fino a questo momento si associano aggettivi, verbi, congiunzioni, preposizioni, avverbi.

Le differenze individuali in questo aspetto dell'acquisizione del lessico possono essere molto marcate da bambino a bambino, senza avere nessun significato patologico. È comunque importante che l'adulto offra al piccolo un ambiente ricco di stimoli linguistici: intrattenendo con lui dialoghi, leggendogli storie, cantandogli canzoni e così via.

Il fatto che il bambino mostri di capire e utilizzare parole in contesti relativamente appropriati non vuol dire che quelle parole abbiano per lui lo stesso significato che hanno per gli adulti. La condivisione dello stesso significato sarà frutto di un processo piuttosto lento di acquisizione dei significati specifici di ogni parola, tramite il quale il bambino adeguerà progressivamente la sua categorizzazione alla realtà e il suo sistema di denominazione alle forme adulte.

Nelle fasi iniziali esistono molte discrepanze tra il sistema semantico del bambino e quello degli adulti. Spesso i bambini sovra o sotto-generalizzano: nel primo caso attribuiscono a una parola categorie che appartengono ad ambiti diversi, ad esempio possono chiamare "cane" tutti gli animali che abbiano quattro zampe e una coda. Nel secondo caso un termine può essere usato troppo restrittivamente: possono ad esempio chiamare "cane" solo quello di casa e non utilizzare la parola per cani diversi. Sarà l'ampliamento del lessico, l'esperienza di scambio con l'uso delle parole degli altri (familiari, fratelli più grandi, altre persone) che porterà il bambino a utilizzare progressivamente il sistema concettuale e semantico della comunità di appartenenza.

Quando il suo vocabolario (intorno ai 20 mesi e successivamente) comincia a superare le 50 parole, il bambino inizia a produrre le prime combinazioni fra di esse: come pezzetti di frasi nelle quali i verbi sono utilizzati con possibili diversi significati:"dà pappa"può indicare colui o colei che dà la pappa (la frase sarebbe ad esempio "la mamma dà la pappa al bambino"), oppure può indicare colui che riceve la pappa (la frase sarebbe "il bambino ora ha la pappa"), oppure ciò che viene dato (la frase sarebbe "al bambino viene data la pappa") o riferirsi all'azione ("il papà sta preparando la pappa").

Fra i 2 e i 3 anni appare anche il fenomeno dell'*ipercorrettismo*: i bambini applicano le regole linguistiche anche alle forme irregolari: *lèggio* per leggo, *vivuto* per vissuto e così via. In questi casi non va rimproverato il bambino, in quanto il suo non è uno sbaglio, tecnicamente parlando, deve solo imparare che ci sono eccezioni alle regole. Così si dirà, ad esempio, al bambino:"in questo caso si dice non *vivuto* ma vissuto".

Verso i 3 anni appaiono le concordanze, ad esempio tra singolare e plurale di nomi e aggettivi e progressivamente le frasi relative a una frase principale.

Tra i 3 e i 4 anni il bambino acquisisce le strutture fondamentali della sua lingua, ha un vocabolario per esprimere le sue esperienze e i suoi desideri. Possiede gli elementi fondamentali della morfologia, della capacità cioè di utilizzare le parole relazionandole fra loro a seconda delle categorie di numero, di genere, di modo, di tempo, di persona. Ha già discrete capacità di tenere conversazioni. L'acquisizione del linguaggio fino a questa età è stata estremamente veloce.

Da questo punto in avanti le ulteriori acquisizioni diventano più lente e più influenzate dall'ambiente sociale e culturale nel quale il bambino vive. Una capacità che i bambini apprendono piuttosto lentamente è ad esempio quella di tener conto della complessità delle caratteristiche dell'interlocutore. Dai 3-4 anni i bambini cominciano a diventare capaci di prendere in considerazione l'età dell'interlocutore e si rivolgeranno diversamente a questi nel caso si tratti di un adulto o di un coetaneo o ancora di un bambino più piccolo. Ma per la comprensione di sottigliezze comunicative, come messaggi ambigui o giochi di parole o battute di spirito, bisognerà attendere i 10-12 anni.

Anche la consapevolezza *metalinguistica* si manifesta dall'età di 3-4 anni, ma si affina progressivamente. Con il termine "metalinguistica" si significa la capacità di riflettere e manipolare consapevolmente il materiale linguistico.

Questa consapevolezza permette, ad esempio, di riconoscere la struttura sonora della parola, le rime in una filastrocca, la presenza di sillabe uguali in parole diverse e le segmentazioni sillabiche all'interno di una parola. Questo tipo di consapevolezza renderà il bambino capace di affrontare, intorno ai 6 anni, gli apprendimenti di lettura e di scrittura. Fino da quando iniziano a produrre parole, i bambini giocano con la lingua per il loro esclusivo piacere, anche senza nessun obiettivo comunicativo. Producono rime, associazioni, sostituzioni di nomi con significati opposti o simili ecc. Così facendo mostrano di essere consapevoli di alcune caratteristiche della lingua. Con l'apprendimento della lettura, la consapevolezza metalinguistica fa un salto di qualità perché questo apprendimento permette di trattare la lingua nei suoi aspetti costitutivi di singoli suoni e delle possibilità combinatorie di questi per produrre parole.

Ogni conquista comunicativa e linguistica procura al bambino un grande piacere. È una caratteristica costante questa dell'essere umano che si manifesta fino dagli inizi della vita: appena ci impossessiamo di una abilità che fa crescere la nostra autonomia, traiamo un grande piacere dall'esercitare questa competenza, capacità, abilità, attività.

Ci accorgiamo di quanto sia vera questa affermazione osservando il piacere e la gioia di un bambino dal momento che riesce a utilizzare la prensione con l'opposizione del pollice, o che riesce a muoversi autonomamente strisciando o andando a gattoni, o che comincia a camminare o salire le scale o che riesce a tracciare i primi segni con un oggetto come pennarello o pastello, o che scopre che la sua gestualità è compresa dagli altri, o che può utilizzare parole e farsi capire.

LINGUAGGIO E COSTRUZIONE DELLA REALTÀ

Nei primi mesi il bambino conosce la realtà attraverso le azioni che compie. Questa modalità, che prescinde dalla consapevolezza cognitiva di quanto il bambino sta facendo, è tipica del 1° anno di vita. Rimarrà presente durante tutta la vita per tutti quei programmi motori che sappiamo eseguire (andare in bicicletta, ad esempio) ma dei quali non abbiamo la possibilità di descrivere coscientemente e dettagliatamente tutti gli aspetti implicati nell'esecuzione dell'azione.

Successivamente saranno le immagini a codificare la realtà. Dal 2° anno di vita, quando comincia a essere presente il linguaggio ver-

bale, e almeno fino ai 6-7 anni saranno le immagini (visive, uditive, olfattive, tattili anche in associazione tra di loro) che consentiranno di evocare mentalmente una realtà, ma senza la possibilità di una descrizione verbale dettagliata.
Dopo i 7 anni la modalità di rappresentazione della realtà diventerà sempre più simbolica, utilizzando il linguaggio o altri sistemi simbolici come il numero. Il linguaggio ormai pienamente acquisito e che è per sua natura referenziale e simbolico, permetterà una codificazione astratta della realtà. Sarà allora possibile operare sulla realtà staccandosi da essa.
Il comportamento dei genitori e di altre persone (educatori, insegnanti ecc.) struttura e organizza l'ambiente esterno, da un lato ponendo limiti a ciò che un bambino può fare e dall'altro facilitando i suoi processi di crescita e differenziazione. Il bambino apprende così in un ambiente protetto, scandito da tappe e compiti che gli adulti hanno opportunamente selezionato.
Il primo uso del linguaggio è di tipo sociale-comunicativo.
In seguito il linguaggio attraversa una fase egocentrica (il bambino commenta verbalmente le proprie azioni).
Infine si trasforma in pensiero verbale o linguaggio interiore.

La competenza conversazionale

Il bambino mentre apprende la lingua deve diventare anche competente nel *rispettare il turno* necessario per partecipare a una conversazione.

Nella nostra cultura un soggetto deve diventare capace di aspettare il momento per inserirsi nel dialogo rispettando implicitamente (cioè senza che ne sia data una codifica consapevole) almeno tre regole:

- la persona che sta parlando ha il diritto di scegliere chi parlerà dopo di lei; spesso esercita questo diritto ponendo una domanda direttamente al prescelto;
- se non viene utilizzata la prima regola, allora può parlare chi vuole;
- chi sta parlando può seguitare a farlo, ma non è obbligato.

Per cogliere il momento opportuno del passaggio da una persona all'altra del turno linguistico, sono rilevanti alcuni segnali dati da chi sta parlando come:

- l'allungamento delle ultime sillabe pronunciate;
- la conclusione dei gesti iniziati;
- l'uso di espressioni stereotipate, come "mah", "chissà", "speriamo", "vedremo";
- l'abbassamento della voce.

LE FASI DELLO SVILUPPO LINGUISTICO DEL BAMBINO	
1° mese	• Produce suoni di origine vegetativa: pianto (di fame, di dolore, di irritazione, di richiamo per la vicinanza), sbadigli, ruttini, gorgoglii. • Si volta ai suoni.
2-6 mesi	• Comincia a balbettare e a formulare spontaneamente dei suoni per gioco. • Le sue vocalizzazioni si inseriscono tra i turni verbali del genitore. • Ride ad alta voce e articola i primi suoni con le labbra. • Grida e si agita per richiamare l'attenzione.
7-8 mesi	• Spontaneamente e a lungo si diverte a emettere suoni articolati. • Produce sequenze consonante-vocale con le stesse caratteristiche delle sillabe, spesso ripetute due o tre volte (*ma, ba, da, pa*) fino a poterle emettere in serie: *pa-pa, ma-ma* (lallazione). • Si impossessa del codice verbale della lingua materna; se i genitori sono bilingui, si impossessa dei due codici linguistici con estrema facilità.
10-13 mesi	• Produce sequenze sillabiche complesse. Appaiono i primi suoni somiglianti a parole. • Comincia a dire alcune parole (*baba, mama, tata, pappa* ecc.), usate in contesti specifici, con riferimento a persone, oggetti familiari e azioni abituali. • In un contesto familiare comprende frasi semplici. • Risponde al suo nome.
15-18 mesi	• Dice un numero sempre crescente di parole e spesso comincia a usare il verbo, in contesti diversificati e facendo riferimento anche a cose che non vede (simboli). • Comprende frasi più complesse e i pronomi. →

LE FASI DELLO SVILUPPO LINGUISTICO DEL BAMBINO	
2 anni circa	• Si assiste a una rapida acquisizione di nuove parole (mediamente circa 300), ma con ampia variabilità da bambino a bambino. • Usa i pronomi ("io" e "te") e i verbi. • Inizia a comprendere un discorso che non gli è rivolto e il valore degli aggettivi.
2 anni e mezzo-3	• Pronuncia frasi (parlando inizialmente di sé in terza persona poi in prima).
3-4 anni	• Inizia a porre domande (età dei perché). • Usa un vocabolario comprensibile e sa costruire frasi lunghe e complesse. • Padroneggia la morfologia (coniugazione dei verbi, accordo soggetto-verbo, forma singolare -plurale, maschile-femminile) • Sa esporre eventi recenti. • È in grado di comprendere affermazioni su azioni passate e future. • Comprende frasi contenenti numerose idee. • Il lessico si arricchisce di termini che si riferiscono a stati mentali (pensare, credere, immaginare, ordinare, promettere).
4-6 anni	• Usa frasi complesse. • Ha un linguaggio fluente con rari piccoli errori di pronuncia e di grammatica. • Inizia a saper contare oltre il cinque. • Comprende la maggior parte di ciò che ascolta e anche idee complesse riguardanti il confronto temporale.
6 anni	• È pronto per allargare la sua competenza linguistica con l'apprendimento della lettura e della scrittura.

La capacità di comprendere i processi mentali propri e altrui: la teoria della mente

Nel passato si era soliti considerare l'uomo costituito da una corporeità che si contrapponeva a una parte spirituale. Sul piano scientifico (senza cioè entrare in questioni di credenze religiose, tutte rispettabili) la parte che un tempo era considerata spirituale viene definita dai cosiddetti processi mentali che presiedono a tutte le nostre capacità di conoscenza dell'ambiente, di noi stessi e degli altri esseri umani. Ci resta quindi da definire cosa intendere per *mente*. La mente è da considerarsi come un *insieme di funzioni* svolte utilizzando le strutture nervose centrali. Queste funzioni sono compiute attraverso sistemi complessi che investono la memoria e gli apprendimenti, il linguaggio, la soluzione di problemi, le modalità di rilevamento percettivo tramite i sensi, la gestione delle emozioni, la programmazione motoria, i rapporti relazionali.

Nel corso del suo sviluppo, l'essere umano si forma anche una rappresentazione della propria attività mentale e di quella degli altri. Questa rappresentazione negli ultimi anni ha preso il nome di *teoria della mente*.

Possedere una teoria della mente significa essere in grado di attribuire stati mentali (credenze, emozioni, desideri, intenzioni, pensieri) a se stesso e agli altri e di prevedere, sulla base di tali inferenze, il proprio e l'altrui comportamento. Si tratta di un'abilità che ognuno di noi utilizza nella vita quotidiana nel contatto con gli altri.

Questa rappresentazione mentale ha molteplici funzioni.

- *Funzione sociale*. La capacità di compiere attribuzioni di stati mentali permette di spiegare, di predire e di agire sul comportamento proprio e altrui. In questo modo si dà un senso al comportamento interpersonale e si diventa partner comunicativi competenti, dal momento che comprendere il messaggio comunicato significa cogliere l'intento comunicativo della persona.
- *Funzione adattiva per il bambino*. Attribuendo stati mentali ad altri, il bambino, oltre a conferire un senso al comportamento altrui, lo rende prevedibile. Sulla base delle esperienze precedenti di interazione con l'altro, il bambino diventa progressivamente capace di creare una molteplicità di modelli di rappresentazione di se stesso e degli altri, che gli consentono di scegliere in maniera adattiva il comportamento più appropriato alle situazioni relazionali.
- *Funzione di sviluppo della consapevolezza e riflessione su di sé*. Il bambino diventa competente nel riflettere sui propri processi

mentali, nel comprendere le origini o le determinanti del proprio comportamento, la fallibilità delle proprie credenze e la fonte delle proprie conoscenze.

Le abilità che comporta avere una teoria della mente non sono possedute dal bambino sin dalla nascita, ma si sviluppano nel tempo. Le competenze cognitive connesse allo sviluppo della teoria della mente sono complesse e articolate e iniziano a presentarsi intorno ai 3-5 anni, per ampliarsi successivamente negli anni della scuola primaria. Accanto allo sviluppo di una teoria della mente coesiste nel bambino una modalità di pensiero, incentrata su se stesso e che non tiene conto delle diversità altrui, che possiamo chiamare *pensiero magico* (vedi più avanti).

Lo sviluppo del linguaggio gioca un ruolo di primo piano nel favorire una comprensione degli stati interiori o mentali, propri e altrui. Il linguaggio infatti permette al bambino di partecipare a interazioni sociali, scambi conversazionali, ascolto di storie che promuovono lo sviluppo della teoria della mente; fornisce inoltre un potente strumento di rappresentazione delle credenze e dei sentimenti, propri e altrui.

Nello sviluppo successivo di stati mentali propri e altrui la comprensione dei significati si allargherà, dai 6 anni in poi, alla comprensione e all'uso di parole che significano stati mentali più complessi, come "riflettere", "dedurre", "comprendere", "interpretare". Tanto più gli adulti utilizzano verbi e frasi che si riferiscono a stati mentali tanto più il bambino è aiutato a sviluppare e integrare le proprie e le altrui rappresentazioni mentali.

Il bambino dapprima acquisisce un lessico riferito a se stesso: "io voglio", "mi piace", "io so" e successivamente lo utilizza per riferirsi a stati mentali altrui: "tu pensi", "egli vuole". Già intorno ai 2-3 anni è possibile osservare nelle conversazioni spontanee dei bambini l'utilizzo di un lessico che si riferisce a stati mentali di tipo volitivo che rimanda ai propri e altrui desideri (utilizzo di verbi come "volere", "desiderare", "sperare", "preferire") e di tipo percettivo (verbi come "vedere", "sentire" ecc.).

Anche i termini con connotazione emotiva appaiono precocemente, sia a valenza positiva (divertirsi, amare, essere felice) che negativa (avere paura, arrabbiarsi, odiare, essere triste, detestare). Dai 2-3 anni il bambino inizia a utilizzare vocaboli che rimandano a emozioni primarie (rabbia, paura, tristezza, felicità). Successivamente utilizzerà quelli che si riferiscono a sentimenti complessi e a emozioni sociali.

Il pensiero magico

Nei primi 6-7 anni di vita, accanto allo sviluppo di una teoria della mente che tiene conto dei punti di vista degli altri, le modalità del pensiero del bambino possono essere definite come *pensiero magico*. Questa modalità di pensiero è caratterizzata dall'incapacità di distinguere i propri pensieri, desideri, emozioni da quelli degli altri. Inoltre questo tipo di pensiero è permeato di animismo, attribuisce cioè sentimenti, volontà, possibilità di azione a tutti gli altri esseri del mondo, anche a quelli inanimati.

Questa modalità è in buona misura contrapposta a quella del pensiero *logico* degli adulti.

L'incontro col prevalente pensiero logico degli adulti permette al bambino di lasciare poco alla volta il mondo del pensiero magico. Attraverso fasi successive questo incontro lo porta a rendersi conto che gli altri esseri umani sono diversi da lui e che piante e oggetti non hanno desideri e volontà proprie.

I bambini fino ai 6-7 anni di età utilizzano quindi categorie di pensiero diverse da quelle delle età successive.

Le caratteristiche del pensiero magico infantile

Una sera un bambino di 3 anni, indicando la luna, dice al padre: "Hai visto che la luna di Firenze è uguale alla luna del mare?". Già, sono proprio identiche!

Circa trent'anni fa, quando le porte apribili con cellula fotoelettrica erano ancora rare, la figlia di amici, una bambina di 3 anni, si fermava davanti a una di queste e diceva piano: "apriti!" e poi muoveva i passi. La porta ovviamente si apriva. Le fu chiesto come mai le porte di casa non facessero altrettanto, "Non capiscono", fu la risposta.

Un bambino di 3 anni gioca con una macchinina alla quale si stacca uno sportello. Il bambino va dal padre e gli chiede di aggiustare la macchinina. "Vai a prendere lo scotch che è sul tavolo", gli dice il padre, "ripariamo lo sportello con quello". Il bambino va, cerca lo scotch ma non trovandolo, torna dal padre con un pastello a cera: "Ecco ora puoi riparare la macchinina". Il padre: "Eh no! Ti avevo detto lo scotch". Il bambino insiste che il padre utilizzi il pastello a cera, il padre insiste nella risposta che non può utilizzare quello. Il bambino si mette a piangere. Il padre, non sapendo più che pesci prendere, fa finta di riparare la macchinina col pastello. Il bambino smette di piangere. Poi constata che la macchinina è rimasta rotta. Il padre gli dice che ora ha potuto vedere che con il pastello di cera non si può accomodare la macchinina. Il bambino ribatte: "La macchinina era stata accomodata bene col pastello, ma ora si è rirotta". Il padre allora va a cercare lo scotch e constata che non si trova sul tavolo, ma dentro un cassetto.

Sono solo tre esempi della differenza tra pensiero infantile di tipo *magico* e pensiero adulto che siamo soliti chiamare *logico*: modalità di interpretazione dei fatti diverse.

Per il bambino di 3 anni era un dato di fatto che le lune potessero essere due o tante quanti sono i luoghi dai quali si osserva la luna. Alla porta che si apriva da sola la bambina attribuiva al suo comando l'apertura e attribuiva alla porta la capacità di intendere e obbedire al comando. Il bambino con la macchinina rotta attribuisce capacità *riparative* a un oggetto che si trova *sul tavolo* dove il padre aveva detto di trovarsi lo scotch. Cioè inferisce che le qualità riparative sono possedute da tutti gli oggetti che si trovano sul tavolo. Per questo si mette a piangere quando il padre gli nega questa sua interpretazione e si calma solo quando il padre, finalmente, fa l'atto di riparazione col pastello.

La caratteristica prevalente del pensiero del bambino, nei suoi primi 6-7 anni, è l'attribuzione a tutti gli altri esseri (animati e non) di quello che lui pensa e prova. Detto in altre parole c'è nel bambino una assenza di differenziazione tra la sua realtà e quella al di fuori di lui. Di un sasso che la sera era sul parapetto della terrazza e la mattina dopo è per terra, il bambino può tranquillamente pensare e dire che durante la notte "è sceso dal parapetto per andare in terra", attribuendo al sasso la volontà di spostarsi e la realizzazione di questa azione. Nel fare queste operazioni mentali il bambino prescinde dai vincoli causali di tempo e di spazio che sono propri del pensiero logico e prescinde anche dalle distinzioni fra esseri capaci di intenzionalità e oggetti incapaci di questa. Investe tutto il reale di *animismo*: tutto ciò che esiste è anche vivo e dotato delle stesse caratteristiche del bambino stesso. Ogni cosa è investita di emozioni e ogni cosa può influire sulle altre. Come nelle fiabe, è il vento che vuole andare da qualche parte, è il sole che vuole scaldarci o bruciarci e sono le nuvole che vogliono toglierci il sole. E così via. Le attribuzioni magiche non sono invenzioni arbitrarie ma *spiegazioni* degli eventi. In queste attribuzioni non viene negato il principio di causalità, solamente non ne viene affermata l'universalità. L'evento ha una validità singola, la spiegazione animistica dell'evento non è estensibile ad altri eventi.

Le funzioni del pensiero magico

Il pensiero magico del bambino assolve a funzioni molteplici. Prima di tutto una *funzione difensiva* dalla possibile ansia di fronte a ciò che è sconosciuto: il bambino costruisce spesso rituali che lo tranquillizzano, ad esempio può ripetere una parola o un'azione molte volte perché una paura sparisca. Accanto alla funzione difensiva ne esistono altre che sono *propiziatorie e conoscitive*. Nel caso di un desiderio che si vuole vedere realizzato, il bambino può cercare il modo per far sì che l'evento si realizzi attraverso azioni che un adulto ritiene assolutamente inefficaci. La funzione conoscitiva viene assolta dal pensiero magico ogni volta che permette al bambino di controllare la sua presenza nel mondo. Quando un bambino percorre una stanza o un marciapiede stando ben attento a non calpestare le linee di confine tra mattonelle, delimita un ambiente e ne costruisce la mappa mentale che gli permetterà di muoversi con sicurezza.

Il bambino va rispettato per la diversità del suo pensiero da quello adulto. Conoscere che la realtà viene interpretata dal bambino in maniera diversa vuol dire da una parte non insistere troppo con spiegazioni razionali e dall'altra però non rinunciare a presentare un punto di vista diverso da quello del bambino per la spiegazione dei fatti. È lenta la formazione di un pensiero che utilizzi concetti e categorie generali e coordinate spaziali-temporali, e che sviluppi la capacità di tenere conto di punti di vista diversi dal proprio. Nel tempo il bambino si rende conto che il pensiero di tipo magico non riesce ad assolvere funzioni di adattamento alla realtà e che nelle interpretazioni dei fatti e delle emozioni bisogna ricorrere ad altre modalità che sono quelle di tipo logico.

Il pensiero magico sparisce nella vita adulta? La risposta è, ovviamente, no. Moltissimi adulti ricorrono a caratteristiche del pensiero magico nella vita quotidiana. Dalle plateali manifestazioni di rituali calcistici messe in atto da tifoserie desiderose di vincere, ai gesti scaramantici individuali, alle convinzioni che seguire un certo percorso, reale o immaginario, porti a risultati nefasti o a benefici... Le caratteristiche del pensiero magico sono state dominanti nel pensiero e nella vita degli uomini occidentali almeno fino al Rinascimento e persistono e si manifestano ogni volta che il pensiero logico non riesce a essere rassicurante di fronte a eventi paurosi o di fronte al desiderio di veder realizzato un desiderio.

Sul concetto di intelligenza

In questa parte sul linguaggio facciamo anche un cenno al concetto di intelligenza. Questo concetto ha ricevuto, nel corso del Novecento, così tante e varie definizioni e attribuzioni di significati da dovere, ogni volta che lo si usa, ridefinirlo per delimitarne l'impiego. Anche il linguaggio comune usa il termine "intelligenza" in una quantità di accezioni legate ad ambiti molto diversi.

La parola "intelligenza" deriva dal latino *intelligentia*, derivante dal verbo *intelligere*. *Intelligere* è formato da un prefisso *inter* (= tra) e la radice *legere* (= leggere), suggerendo quindi il significato di "leggere tra le righe", ovvero comprendere più di quello che appare.

Nella prima metà del Novecento l'intelligenza è stata considerata come un insieme di abilità che variano e si sviluppano in modo unitario e lineare. Il concetto di *quoziente di intelligenza* (*QI*) e di *quoziente di sviluppo* (*QS*), e il correlato concetto di *età mentale* (*EM*) assumono che:

- ci sia un continuum che unifica le capacità mentali da un livello inferiore a uno superiore di intelligenza e che quindi sia possibile una comparazione tra soggetti e nel soggetto stesso;
- ci sia una concordanza intersoggettiva tra capacità mentali, la cui valutazione può essere effettuata con un solo punteggio.

Questo concetto è stato sottoposto a varie critiche, soprattutto perché la sua predittività non è correlata a successo o insuccesso nella vita. La correlazione di predittività e successo è piuttosto alta in ambito scolastico, ma sappiamo che la scuola non è tutto nella vita!

Chiaramente non avere una definizione univoca di intelligenza, comporta che misurarla con i cosiddetti *test di intelligenza* diventi una misurazione di non si sa bene cosa.

Forse sarebbe meglio descrivere in che modo funziona la mente nella soluzione dei vari problemi che le vengono posti: siano essi di tipo logico, di tipo linguistico, di tipo matematico, di tipo interpersonale e così via.

A questa visione in fondo si riferisce lo psicologo Howard Gardner, con una teoria detta delle *intelligenze multiple*. Gli studi di Gardner, pubblicati dai primi anni Ottanta del Novecento, ipotizzano che la mente umana si componga di un certo numero di facoltà relativamente indipendenti fra di loro. Gardner le chiama "intelligenze", rifiutando l'ipotesi di una sola intelligenza e del relativo, unico, quoziente di intelligenza (QI) a questa correlato. Per Gardner le forme nelle quali si esprimono le facoltà definibili come intelligenze, sono presenti in ogni individuo, ma con capacità di esistenza e manifestazione diverse da soggetto a soggetto. Ogni soggetto quindi manifesta intelligenza diversa e competenze diverse rispetto ad altri soggetti.

Questa teoria, ormai supportata da un'ampia serie di prove scientifiche, ha contribuito ad ampliare la concezione di intelligenza, prima intesa quasi esclusivamente in termini di abilità logiche, linguistiche e spaziali. Erano (e sono ancora) infatti queste le abilità testate per la valutazione del QI.

LE INTELLIGENZE SECONDO GARDNER

- **Intelligenza linguistica.** Saper padroneggiare le regole semantiche, sintattiche e pragmatiche del linguaggio. Possedere sensibilità per il significato delle parole, sensibilità all'ordine delle parole, sensibilità ai ritmi, alle inflessioni e ai metri delle parole, sensibilità alle diverse forme del linguaggio.
- **Intelligenza musicale.** È l'abilità nella composizione e nell'ascolto dei modelli musicali. È il possesso della sensibilità per la

melodia, il ritmo, l'intonazione e la capacità di apprezzare e produrre altezze tonali. Inoltre è la sensibilità ai valori estetici della musica.

- **Intelligenza logico-matematica.** Riguarda la capacità di confrontare oggetti e concetti, cogliere le relazioni e i principi sottesi a essi, ragionare in modo consequenziale sui fatti. L'abilità di comprendere i rapporti e le proprietà di base dei numeri, ma anche di padroneggiare lunghe catene di ragionamenti logici.
- **Intelligenza spaziale.** Riguarda la capacità di percepire il mondo visuo-spaziale con precisione, di eseguire trasformazioni e modifiche delle proprie percezioni iniziali e di riuscire a ricreare aspetti della propria esperienza visiva, persino in assenza di stimoli fisici rilevanti.
- **Intelligenza corporeo-cinestesica.** Si riferisce alla capacità di eseguire movimenti corporei estremamente fini e aggraziati e di manipolare oggetti con disinvoltura e sensibilità.
- **Intelligenza intrapersonale.** Riguarda la capacità di *guardare* dentro di sé, di avere cioè accesso alla propria vita affettiva, all'ambito delle proprie emozioni. È la capacità di discriminare fra i sentimenti e di classificarli e di attingere a essi per capire e guidare il proprio comportamento. Riguarda inoltre la capacità di controllare le proprie reazioni, soprattutto quelle negative.
- **Intelligenza interpersonale.** È relativa alla capacità di individuare e rispondere in maniera appropriata agli altri individui e, in particolare, ai loro stati d'animo, temperamenti, motivazioni, intenzioni. Si traduce nell'abilità di comunicare efficacemente, regolando i propri stati d'animo conseguentemente a quegli degli altri.
- **Intelligenza naturalistica.** L'abilità di distinguere e classificare in un ordine preciso aspetti diversi della realtà fisica e cogliere le relazioni tra di essi.
- **Intelligenza esistenziale o teoretica.** Rappresenta la capacità di riflettere consapevolmente sui grandi temi della speculazione teoretica, come la natura dell'universo e la coscienza umana, e di ricavare da sofisticati processi di astrazione delle categorie concettuali che possano essere valide universalmente.

Gardner afferma che tutte queste tipologie di intelligenza sono soggette a sviluppo (tramite l'opera educativa) o decadimento (se non vengono usate). Negli ultimi suoi lavori ha insistito affinché l'educazione scolastica tenga conto della complessità delle manifestazioni intelligenti della mente, non limitandosi al solo sviluppo di alcune di esse (logico-matematica e linguistica in primis). Lo stesso Gardner ha poi menzionato il fatto che classificare tutte le manifestazioni dell'intelligenza umana sarebbe un compito troppo complesso, dal momento che ogni macrogruppo contiene vari sottotipi.

Arrivare a leggere e scrivere

Da 0 a 5 anni: la preparazione di un futuro lettore

Ogni bambino che impara a parlare lo fa senza bisogno di un tirocinio specifico. I suoni della propria lingua e le parole, il loro significato e la loro composizione in frasi grammaticalmente corrette, sono assorbiti da lui attraverso la quotidianità. Un apprendimento che si mescola a tutte le azioni giornaliere, alle emozioni provate, ai successi di comprensione relazionale, agli incontri della propria vita con gli altri. Non si isola il bambino in un momento specifico per dirgli: "ora è il momento in cui impari a parlare". C'è, detto in altre parole, un apprendimento latente, sotterraneo, non isolabile in momenti particolari, ma che avviene attraverso il continuo della vita che scorre.

E tutto questo è possibile perché nelle nostre strutture nervose centrali ci sono aree predisposte a codificare il significato delle parole e a decodificare e riprodurre i suoni linguistici.

Non ci sono invece aree cerebrali appositamente ereditate per la scrittura e la lettura. È passato troppo poco tempo dall'invenzione della scrittura perché si siano potuto creare aree specifiche da trasmettere ereditariamente.

Per scrivere e leggere c'è bisogno di un periodo di apprendimento di qualche anno: si devono creare le condizioni perché il cervello crei dei *ponti* che trasmettano informazioni tra aree visive e uditive già esistenti del cervello e che si possa così realizzare quell'associazione tra suono e segno grafico che ci permette di leggere e di scrivere. Le aree visive già esistenti e che permettono a ogni primate di valutare forma, grandezza, distanza, dimensioni dei vari oggetti rilevati con le retine, vengono da noi esseri umani rese specializzate per riconoscere le lettere dell'alfabeto (o qualsiasi altro segno grafico nelle lingue che non utilizzano alfabeti, come il cinese).

Lo sviluppo linguistico e visivo del bambino, prima che cominci a leggere e scrivere, ha un ruolo essenziale nella preparazione a questo apprendimento.

Fino dai primi mesi di vita il bambino dimostra una competenza eccezionale per l'analisi del linguaggio. Sappiamo che in utero il feto ha un'attenzione molto elevata per il ritmo della lingua materna. Con la tecnica dell'*imaging* cerebrale si è dimostrato che a 2-3 mesi il neonato riesce a distinguere i diversi suoni di una lingua.

Durante i primi 6 mesi c'è una grande capacità di discriminazione dei suoni vocalici e nel corso del 1° anno il bambino diventa sensibile ai suoni consonantici e vocalici, perdendo la capacità di discriminare suoni che non sono propri della lingua di appartenenza. Così, ad esempio, i bambini cinesi e giapponesi perdono la possibilità di distinguere tra *r* e *l*. Stanislas Dehaene, uno psicologo francese che si occupa dei processi linguistici e di apprendimento della lettura, dice che «il cervello del bambino estrae, smista e classifica i segmenti di parola come potrebbe farlo un naturalista o uno studioso di statistica». In questo modo estrae le regole fonetiche della sua lingua e così un bambino polacco accetterà che le consonanti *p r ch* siano in successione in una medesima parola, mentre questa successione sarà impossibile per un bambino italiano. Le sequenze fonetiche della propria lingua che si presentano più frequentemente all'orecchio del bambino costituiranno per lui le prime parole.

Oltre ad aver acquisito un ricco patrimonio linguistico, all'età di 5-6 anni sono presenti specifiche funzioni espletate dalle aree visive del cervello, che predispongono alla lettura sul piano visivo. Queste funzioni riguardano il fenomeno della *costanza percettiva* e le tre *leggi di unificazione figurale* (vicinanza, somiglianza, continuità di direzione) che associandosi alle vie fonologiche renderanno possibile lettura e scrittura. Il fenomeno della costanza percettiva riguarda il fatto che gli oggetti che si presentano alla nostra osservazione cambiano continuamente di grandezza (un oggetto vicino forma un'immagine retinica più grande rispetto allo stesso oggetto visto più distante), di angolatura (un volto può essere visto di fronte, a tre quarti, di profilo), di luminosità (le caratteristiche di luce presente possono rendere un oggetto più brillante o più opaco).

Nonostante tutti questi possibili cambiamenti noi riconosciamo un oggetto come lo stesso con un'attribuzione di *invarianza* che supera la rilevazione sensoriale (l'immagine retinica) e lo rendiamo a noi stessi sempre riconoscibile nonostante le modificazioni. Questo è molto importante perché le lettere dell'alfabeto possono variare di grandezza (maiuscole = *P* o minuscole = *p*, scritte a caratteri cubitali = D o caratteri molto piccoli = D) o di forma (*A* A **A**). Con qualsiasi grandezza e forma le lettere si presentino, grazie alla costanza percettiva, è possibile riconoscerle sempre.

Oltre la costanza percettiva ci sono delle caratteristiche attraverso le quali il nostro sistema visivo organizza i dati percettivi visivi. Ai fini dell'apprendimento della lettura e della scrittura è importante l'utilizzo di tre caratteristiche organizzative, definite come *vicinanza, somiglianza, continuità di direzione*. La vicinanza nella lettura organizza le parole separandole le une dalle altre; la somiglianza riguarda il fatto che le lettere siano scritte tutte con la stessa grandezza e la stessa forma; la continuità di direzione riguarda il fatto che le lettere siano scritte tutte nella stessa linea e, in italiano, nella stessa direzione, da sinistra verso destra.

Sarebbe molto difficile imparare a leggere se non si rispettassero queste tre caratteristiche in fase di apprendimento (e anche dopo l'apprendimento le difficoltà rimarrebbero):

- *lacasabianca* (viene meno il fattore vicinanza);
- *la CaSa biancA* (non è uniforme il fattore somiglianza);
- *l c s b a c*
  a a a i n a (non è rispettato il fattore continuità di direzione).

Non siamo nati per leggere, però diventiamo capaci di farlo

Per arrivare a leggere e scrivere c'è bisogno di un apprendimento specifico. Il bambino a 5-6 anni ha gli strumenti visivi e linguistici necessari per farlo, ma per riuscirvi ha bisogno di un tirocinio specifico. Deve imparare *consapevolmente* a leggere e scrivere. Non può utilizzare un apprendimento implicito come ha fatto per il linguaggio. Senza esercizio costante e ripetuto non riuscirebbe a leggere o scrivere.

Fortunatamente i bambini hanno molto desiderio di imparare la lettura e la scrittura. Percepiscono che appropriarsi di questi strumenti è una grande conquista di autonomia, è diventare più competenti e quindi più grandi, è appropriarsi degli strumenti che gli adulti utilizzano per molteplici attività. Arrivano nella prima classe della scuola primaria già molto motivati a sfruttare le competenze visive e linguistiche in loro possesso per utilizzarle ai fini dell'apprendimento di lettura e scrittura.

Uta Frith, una psicologa inglese, ha proposto nel 1985 un modello a tre stadi per descrivere l'apprendimento della lettura e della scrittura, che ancora è un punto di riferimento.

- La *prima tappa della lettura*, che si attua a 5-6 anni, è di tipo logografico o pittorico. Il sistema visivo del bambino applica alla lettura lo stesso codice di riconoscimento degli oggetti e dei volti. Sfrutta i tratti visivi globali (la forma, il colore, l'orientamento delle lettere). Il bambino spesso riconosce e riproduce il suo nome e il suo cognome, scritte come BAR o qualche marchio come FIAT ecc. La dimensione di questo lessico pittorico varia molto da bambino a bambino, in alcuni può raggiungere molte parole, in altre poche, in alcuni può essere assente. C'è da dire comunque che possedere molte o poche parole o nessuna parola di questo lessico pittorico non ci dice nulla sulle fasi susseguenti di apprendimento della lettura. D'altronde per il bambino può essere un appassionante esercizio e quindi è importante non contrastarlo. Le caratteristiche della pseudolettura di tipo pittorico ci dicono che in questa fase il bambino cerca di arrivare al significato globale di una forma grafica senza tener conto della composizione interna di una parola in lettere né della pronuncia delle singole lettere.

- La *seconda tappa* è quella che porta il bambino alla vera lettura delle parole. È quella nella quale il bambino impara ad associare ogni sequenza di lettere alla relativa pronuncia con una sistematica procedura di conversione da *grafema* (il segno grafico della lettera) a *fonema* (il suono della lettera) e viceversa. La parola cessa di essere trattata nella sua globalità e il bambino comincia a esercitarsi nell'assemblamento dei fonemi/grafemi per formare le parole, partendo dall'analisi dei singoli costituenti le stesse. Nel suo cervello avviene una vera rivoluzione, guidata dalla scoperta che la parola può scomporsi in fonemi e che, ad esempio, si può comporre il suono sillabico *ca* partendo dai fonemi semplici *c* e *a* e unire a questi altri fonemi come *s* e *a*, e poi assemblare il tutto per leggere o scrivere la parola *casa*. Il bambino scopre che i costituenti più elementari della parola, i fonemi, si possono ricombinare in altre parole e, di solito, si diverte a provare combinazioni e a giocare con i suoni. All'inizio la lettura e la scrittura sono compiute con la fatica di decifrare le parole lettera per lettera e associare queste al suono, unire i suoni in sillabe e unire le sillabe per formare la parola. Saranno necessari almeno i primi tre anni di scuola primaria per arrivare a conquistare una automatizzazione nella lettura e rendere veloce il testo che si legge e che si scrive.
- La *terza tappa* è quella che permette l'evoluzione di una lettura automatica. A questo punto il tempo impiegato non è più determinato dal numero delle lettere e dalla complessità dei grafemi che compongono una parola. Le parole più conosciute entrano a far parte di un archivio dal quale si *estraggono* senza passare dalle modalità descritte nella seconda fase. Si ricorre cioè al rico-

noscimento della parola nella forma scritta e nello stesso tempo nell'attribuzione del suo significato, senza più bisogno della decodifica lettera per lettera. Quest'ultima via di decodifica si continuerà a usarla comunque quando si incontrano parole nuove o molto rare.

Qualsiasi sia l'appartenenza culturale in cui un bambino nasce (italiana, francese, cinese, tailandese, statunitense ecc.) nel giro di due o tre anni di insegnamento imparerà la scrittura e la lettura della sua cultura. L'apprendimento di lettura e scrittura è un potente mezzo di autonomia per il bambino, un potente impulso alla concettualizzazione e simbolizzazione.

LA SCOPERTA DELLA SCRITTURA

La scrittura, e quindi poi la lettura, sono invenzioni recenti se guardiamo alla storia dell'umanità. Appena 5500 anni circa ci dividono dal tempo molto più lungo, centinaia di millenni, nel quale gli uomini non scrivevano.
Le prime forme di rappresentazioni pittoriche sono apparse nel passaggio dal Paleolitico al Neolitico, circa 10.000-8000 anni fa. Ma non sono ancora scrittura, la quale è caratterizzata da segni grafici che rimandano a suoni indicanti in vari modi delle parole. La scrittura nasce nelle società agricole, quando gli uomini hanno stabilizzato la loro vita sedentaria e hanno la necessità di amministrare i prodotti in eccesso.
Nelle civiltà del Medio Oriente, nell'isola di Creta, in Egitto, il controllo delle produzioni eccedenti, la loro conservazione e la loro distribuzione portano a inventare uno strumento capace di supplire alle lacune della memoria e di trasmettere nel tempo e nello spazio un messaggio univoco. Questo strumento è la scrittura, dapprima al servizio della contabilità ma molto presto utilizzata a servizio dei riti religiosi e per diffondere e tramandare testi letterari (miti, poemi epici, racconti). L'invenzione della scrittura è quindi un'acquisizione molto recente per la storia dell'umanità e ha un percorso storico che ha necessitato di migliaia di anni per essere perfezionato.

Quando impara a scrivere, il bambino coglie coscientemente le dimensioni fonologiche e strutturali di una lingua e il rapporto tra segni convenzionali (nel caso dell'italiano, alfabetici) e suoni rappresentati da questi segni. Utilizza una consapevolezza fonologica che lo rende capace di identificare le componenti sonore di una lingua (fonemi e sillabe) e di manipolarle intenzionalmente. L'individuazione delle componenti fonologiche all'interno delle parole comincia a essere possibile dai 3-4 anni di età, crescendo poi in maniera sempre maggiore intorno ai 5-6 anni, quando si arriva ad acquisire la corrispondenza del suono di una lettera o gruppo di lettere (fonema) con il rispettivo segno grafico (grafema): a un segno grafico A corrisponde un suono, come al gruppo grafico *gn* o *gl*.

Nel giro di poco tempo il bambino *scoprirà* che il linguaggio che già utilizza ampiamente si può tradurre in segni grafici con una reciproca conversione da suono a segno grafico e da segno grafico a suono.

I bambini italiani sono particolarmente fortunati in questo apprendimento. I nostri antenati hanno infatti scelto un alfabeto che corrisponde quasi perfettamente ai suoni linguistici. Il nostro è un alfabeto per questo motivo detto *trasparente*, a differenza di quello inglese dove singoli suoni non corrispondono sempre a singoli caratteri alfabetici (ad esempio: la"i"in italiano è sempre pronunciata in uno stesso modo, mentre in inglese può essere letta anche"ai").

Comunque, seppure facilitati dalla corrispondenza stabile tra segno grafico e suono della lettera anche i bambini italiani hanno bisogno di un periodo di apprendimento per decifrare i segni grafici, associare a questi il suono corrispondente, combinare i singoli suoni-lettere in sillabe e coordinare queste per formare parole, decifrare parole nuove, fare esercizio costante per arrivare a una lettura di tipo automatico.

Sotto l'apparente semplicità di acquisizione, la lettura richiede però al nostro cervello una grande attività rimodellizzante di circuiti neurali non esistenti prima. Noi infatti non siamo *nati per leggere*. Siamo nati per parlare e dobbiamo fare uno specifico apprendimento per leggere. Detto in termini di strutture neurologiche: abbiamo strutture predisposte per l'apprendimento del linguaggio, ma per quello della scrittura dobbiamo *riorganizzarci*.

La scrittura non va confusa con la cultura. Popoli senza scrittura hanno creato innumerevoli prodotti culturali: invenzioni come la ruota, le opere strutturali dell'architettura come l'arco, rituali tramandati per generazioni e millenni, le opere d'arte.

Non va confusa neppure con l'acquisizione del linguaggio verbale, che ci differenzia anche dai primati con i quali condividiamo una larga fetta di patrimonio genetico.

Negli ultimi decenni i progressi delle neuroscienze e della psicologia cognitiva hanno permesso di individuare i meccanismi neuronali che permettono di leggere.

Scrivere e leggere rientrano nei più generali processi riguardanti la comunicazione. Con il linguaggio in particolare condividono tre aspetti fondamentali:

- *individuazione* di un significato da trasmettere in vista di un obiettivo;
- *trasformazione* del significato in messaggio linguistico mediante applicazione di regole grammaticali-sintattiche;
- *trasmissione* del messaggio attraverso una forma convenzionale (i segni grafici dell'alfabeto).

I nostri bambini invece nel loro apprendimento della scrittura-lettura si appropriano di questo percorso millenario nei primi anni della scuola primaria. E normalmente lo fanno senza uno sforzo molto grande.

La scrittura permette inoltre al bambino una crescita sul piano delle funzioni cognitive che si esercitano in maniera precipua nel testo scritto: analizzare, studiare, riassumere, verificare le informazioni.

Parte quinta

La crescita del sistema difensivo

Un sistema complesso

La capacità di difendersi dalle infezioni costituisce uno degli strumenti più importanti per la conservazione della salute e la sopravvivenza stessa dell'individuo.

Per difenderci dalle infezioni siamo dotati di un sistema immunitario costituito da due sistemi di difesa, indistinti e che cooperano in maniera sinergica nella lotta alle infezioni: il *sistema immunitario aspecifico*, che combatte le malattie prescindendo dal riconoscimento del microbo responsabile, e il *sistema immunitario specifico*, che prevede invece il riconoscimento del microbo responsabile e che consente la costruzione di una *memoria immunologica*.

Ogniqualvolta l'organismo viene a contatto con un dato agente patogeno il sistema immunitario specifico, se già lo aveva memorizzato, può reagire subito per neutralizzarlo. Il sistema specifico è costituito dalle *immunoglobuline* (ve ne sono di diversi tipi) che ci difendono prevalentemente dalle infezioni batteriche, e dai *linfociti T* che ci difendono dalle infezioni virali, fungine e da alcuni tipi di batteri.

Possiamo distinguere un'immunità naturale e una acquisita. La prima è definita "naturale" in quanto composta da meccanismi di difesa (come le barriere fisiche, i fagociti, gli eosinofili, le cellule Natural Killer, il complemento, le citochine) preesistenti all'esposizione agli agenti microbici o alle macromolecole estranee, la cui attività peraltro non viene potenziata da tale esposizione.

L'immunità acquisita invece è caratterizzata dal fatto di essere specifica, di avere una memoria e un'autoregolazione che permettono alle strutture che la compongono di potenziarsi col susseguirsi delle esposizioni alle sostanze estranee al nostro organismo (*non-self*), come appunto sono i germi, e quindi di acquisire progressivamente una sempre maggiore capacità difensiva.

L'immunità acquisita si divide a sua volta in *umorale* e *cellulare*. L'umorale è messa in opera da *linfociti B* i quali sono deputati alla produzione di anticorpi in grado di difendere l'organismo da tossine e microrganismi extracellulari. I *linfociti T* invece si occupano della risposta contro i virus e i microrganismi intracellulari, oltre a essere in grado di potenziare e maturare le risposte umorali e naturali.

Il bersaglio di questo imponente scudo difensivo dell'organismo è l'*antigene* che viene definito come una qualsiasi molecola in grado di indurre, una volta riconosciuta dal sistema immunitario, la formazione di anticorpi e di linfociti atti a eliminarlo.

Le prime difese

Sul piano delle difese immunitarie il bambino differisce notevolmente dall'adulto. Infatti il suo sistema immunitario per diversi aspetti è ancora immaturo (anche se, fra i vari sistemi e apparati, è comunque quello che realizza la maturazione più rapida). Già alla 10ª settimana di vita intrauterina comincia la sintesi autonoma di immunoglobuline, cioè di molecole con funzione difensiva. La gran parte delle immunoglobuline presenti nel sangue del feto però sono trasmesse dalla madre per via transplacentare.

È solo dopo la nascita che ha inizio una produzione autonoma significativa di immunoglobuline: alcune di esse (le *IgM*) raggiungono ben presto (a circa 1 anno di vita) i livelli dell'adulto; altre (*IgG*) li raggiungono fra i 7 e i 12 anni e altre ancora (*IgA*) non prima dei 12 anni.

Ciò che soprattutto differenzia bambino e adulto dal punto di vista immunologico è la poca esperienza nei confronti dei comuni microrganismi patogeni. Quanto più è piccolo, tanto più il bambino è povero di esperienze immunitarie: quindi si ammala rapidamente e spesso, proprio perché sprovvisto di difese specifiche; ma è ammalandosi che via via impara a costruire anticorpi contro questi microrganismi e a saperli riconoscere, impedendo loro un successivo accesso all'organismo. In genere è solo dopo i 5-6 anni di vita che i bambini hanno avuto modo di incontrare una quota significativa di microrganismi (*rhinovirus, virus influenzali, parainfluenzali, adenovirus, mycoplasma, streptococchi*) e di sviluppare contro di loro una risposta immunitaria efficace, capace d'impedire una seconda infezione.

La particolare frequenza di episodi infettivi nelle prime fasi della vita e il loro ridursi col passare degli anni è dunque espressione di un graduale processo di apprendimento e di crescita immunologica che renderà via via il bambino immune a un numero sempre crescente di agenti patogeni. E poiché le vie aeree sono un'estesissima area di confine fra ambiente esterno e ambiente interno, esposta con ogni atto respiratorio al possibile incontro con nuovi microrganismi patogeni, sono soprattutto le infezioni a carico del sistema respiratorio quelle che più frequentemente affliggono i bambini (solitamente riniti e faringiti – cioè in termini comuni: raffreddori e mal di gola – e più raramente bronchiti e polmoniti).

Nella grande maggioranza dei casi questa fragilità, spesso espressa al momento dell'ingresso all'asilo nido o alla scuola materna come aumentata suscettibilità agli agenti infettivi (il "continuo ammalarsi"), non può considerarsi patologica in senso stretto, è soltanto conseguenza di una fisiologica immaturità immunitaria. In età prescolare, quindi, non dovrà essere una sorpresa che un bambino, nel corso di un anno, ma soprattutto nella stagione autunno-invernale (quando è massima la circolazione di agenti patogeni soprattutto perché i bambini soggiornano in ambienti chiusi, poco areati e spesso surriscaldati) vada incontro a 5-6 episodi di infezione delle vie aeree: i pediatri considerano del tutto normale questo numero di infezioni respiratorie nella stagione. Con la crescita, il numero delle infezioni si riduce progressivamente: la frequenza tende ad attenuarsi in età scolare, con in media 3-4 episodi infettivi l'anno.

Quando questi episodi si fanno molto più frequenti e superano significativamente l'incidenza normalmente prevedibile, viene presa in esame la possibilità di intervenire con apposite terapie: è compito del pediatra, in questi casi, distinguere quella che è la fisiologica suscettibilità alle infezioni, propria del bambino piccolo, da una possibile (ma non frequente) anomala suscettibilità ai germi da immunodeficienza, conseguenza cioè di un sistema immunitario non solo immaturo ma anche non efficace.

Va detto anche che il recidivare delle infezioni respiratorie nei primi anni di vita non è imputabile esclusivamente all'immaturità immunitaria e al fatto che il bambino non abbia ancora completato il naturale apprendimento immunologico: entrano in causa anche effetti sfavorevoli dell'impatto ambientale (l'inquinamento atmosferico, la stagione, l'inalazione passiva di fumo di tabacco ecc.) oltre a un'azione immunodepressiva transitoria indotta dagli stessi agenti patogeni.

Quando ammalarsi è un po' crescere

"Da quando va al nido si ammala continuamente", "Sono più i giorni che sta a casa di quelli in cui va al nido", "Me l'avevano detto che il primo anno era così: sempre malato...". Sì, c'è sicuramente qualcosa di vero in queste frasi. Soprattutto un fatto è certo: prima di frequentare il nido erano state pochissime le occasioni in cui il bambino aveva dovuto fare i conti con germi e virus. Cioè, in altri termini, si ammalava di rado e forse qualcuno, prima di iniziare a frequentare il nido, non aveva mai avuto la febbre o i sintomi di un raffreddore o una diarrea. Allora il nido fa male? Il nido è un luogo dove si prendono le malattie, e quindi da evitare? Proviamo a leggere tutto ciò con un altro spirito, meno categorico, alla luce di conoscenze e precise valutazioni scientifiche.

Il bambino appena nato è una persona con scarsissima esperienza in tutti i settori (non è comunque del tutto ignorante perché già nella vita intrauterina una certa cultura l'ha acquisita). I suoi organi e apparati, per quanto integri e praticamente formati, possono funzionare al meglio solo se passano attraverso un vero e proprio rodaggio, fatto di precise tappe, scandite dal succedersi delle varie età. Un esempio: le strutture per camminare sono già pronte, ma prima di arrivare a una corretta deambulazione il bambino dovrà obbligatoriamente superare una serie di tappe che consistono nella capacità di sollevare la testa, quindi di star seduto, di tirarsi su in piedi e finalmente di staccarsi.

Abbiamo ormai imparato, perché molto se ne è parlato, ad aiutare il bambino in questa sua conquista di abilità e capacità, e durante le sue prime esperienze motorie non ci sorprendono certo né ci preoccupano più di tanto le sue cadute e gli scarsi equilibri. Forse però non è stato fatto capire che un analogo tirocinio, fatto di una graduale successione di tappe, è necessario per tutte le funzioni del bambino e quindi, così come per il camminare correttamente, è necessario fare esperienza anche per avere un efficiente sistema difensivo dalle malattie. Raffreddori e diarree sono, in un certo senso, i corrispettivi delle incertezze motorie e delle modeste cadute. Il bambino piccolo esposto a germi e virus se ne ammala perché sprovvisto di difese; ma proprio ammalandosene impara a costruire anticorpi contro di loro e quindi, sapendo riconoscerli, può impedirne l'accesso all'organismo la volta successiva.

Certo, come ci preoccupiamo di proteggerlo dalle cadute pericolose, così lo allontaneremo dalle malattie pericolose, ed è proprio questo che facciamo quando, ad esempio, lo vacciniamo contro alcune specifiche malattie o come quando lo sosteniamo nel difendersi dalle aggressioni dei germi con cure antibiotiche, per affiancare le sue difese con armi più efficaci e tempestive.

Ma in realtà le malattie, al nido, più che pericolose sono numerose e concentrate. È vero che virus e germi sono tanti, ma sono come noi ospiti sulla Terra da millenni, e da millenni il nostro organismo è predisposto per convivere in maniera adeguata con la maggior parte di essi. Il vero inconveniente del nido è che il rodaggio del sistema difensivo avviene con ritmi particolarmente intensi, disturbanti sia il bambino sia i genitori nei loro impegni sociali e lavorativi, molto più di quanto accadrebbe se il bambino vivesse in ambienti meno ricchi di microrganismi (come per la maggior parte dei bambini di tanti anni fa che cominciavano a frequentare la comunità ben più tardi, verso i 6 anni, alla cosiddetta età scolare).

Rassicura il fatto che per la maggior parte dei bambini questa concentrazione di esperienza non crea problemi, ed è solo una più intensa anticipazione di quanto avverrebbe comunque dopo, anche se in maniera più graduale, alle prime esperienze comunitarie della materna o della scuola elementare. Disagio dunque sì, ma anche tutti i vantaggi dell'esperienza nido, senza reali danni alla salute.

Va detto che ci sono alcuni bambini ai quali è preferibile far compiere questa esperienza immunitaria con una gradualità maggiore di quanto consenta il nido, perché le reazioni che presentano a certe malattie, che di per sé sarebbero poco importanti, possono essere particolarmente intense e debilitanti per l'organismo. Ma, a parte questi pochi casi, che il pediatra curante saprà debitamente individuare e per i quali sarà controindicata la frequenza al nido, nella maggior parte delle situazioni dobbiamo solo farcene una ragione, senza angosce.

In definitiva il bambino sta semplicemente crescendo, anche se più in fretta di quanto facessimo noi alla sua età (frequentando in genere luoghi meno ricchi e popolati sul piano batteriologico) e con un maggior disturbo all'organizzazione familiare di quanto accadesse nelle generazioni precedenti (perché diversi erano i costumi e le richieste del mondo del lavoro). D'altra parte se anche non possiamo non tener conto degli attuali impegni lavorativi dei genitori, neppure possiamo forzare i naturali ritmi biologici, cominciando a pompare le difese dei bambini a suon di vaccini e stimolatori delle difese immunitarie. E allora non rimane che accettare serenamente il concetto che il primo periodo al nido è faticoso (e del resto non solo per le malattie): dobbiamo organizzarci ricorrendo alle apposite leggi di sostegno ai lavoratori con figli malati, ai nonni, ad altri eventuali aiuti per le frequenti inevitabili fasi di malattia e quindi assenze dal nido. Del resto chi ha mai detto che educare e allevare i figli non sia faticoso e oneroso per tutta la società? E ancor di più oggi che il mondo del lavoro vorrebbe imporre a tutti, uomini e donne, di lasciarsi sempre meno distrarre dalla funzione genitoriale.

Troppo vestiti: spesso ammalati

Ma qualcosa possiamo comunque fare per far ammalare meno il bambino che va al nido, o meglio per farlo ammalare solo di ciò che inevitabilmente gli spetta: vestiamolo adeguatamente, e cioè molto meno di quanto comunemente facciano i genitori, e organizziamo la sua giornata in modo che possa vivere il più possibile all'aria aperta, in qualunque stagione dell'anno.

I genitori non devono aver paura delle correnti d'aria ma piuttosto del surriscaldamento a cui molto spesso sottopongono il bambino: è proprio questo che li rende più facilmente attaccabili dai microrganismi!

Nei nidi (e nelle case, ovviamente) attenzione al troppo caldo e all'aria secca: gli ambienti in periodo invernale non dovrebbero avere temperature superiori ai 17-18 °C, conservando nell'aria un'umidità di almeno il 50-60%. L'aria secca prosciuga le mucose che rivestono le prime vie respiratorie rendendole più fragili e suscettibili alle infezioni: è proprio sulle mucose infatti che sono localizzate le nostre prime barriere (anticorpi di superficie) contro i germi. Questi infatti, per entrare nel nostro corpo e ammalarlo, approfittano sì dell'immaturità immunitaria dovuta alla giovane età ma anche della poca abilità sviluppata dal bambino nell'affrontare le variazioni termiche e dei danni che gli ambienti secchi e surriscaldati causano agli anticorpi difensivi delle mucose. Il prosciugarsi delle mucose comporta anche la perdita della loro capacità detergente: sono dotate infatti di ciglia mobili che bloccano germi e detriti, e li veicolano all'esterno con movimenti ondulatori impedendogli di entrare nelle vie aeree più basse: ma se l'aria secca prosciuga tutto, le ciglia rimangano immobilizzate. Per mantenere la salubrità degli ambienti durante l'inverno allora il riscaldamento deve rimanere acceso solo poche ore al giorno e le finestre devono essere regolarmente spalancate ogni giorno, sia per garantire l'indispensabile ricambio d'aria, che per far penetrare la luce solare (la cui positiva azione battericida viene ostacolata dai vetri) e ricostituire il giusto grado di umidità degli ambienti.

L'abbigliamento del bambino, fin da neonato, deve favorire l'adattamento graduale all'ambiente extrauterino, facilitando lo sviluppo delle capacità di termoregolazione ed evitando di ostacolare le esigenze tattili e motorie.

Troppo spesso invece il bambino è così vestito e termostatato (da inutili tute, sciarpe, cappellini, guanti ecc.) che non ha modo di imparare a usare i pur validi meccanismi di termoregolazione di cui la natura lo ha dotato.

Sono soprattutto due i meccanismi che ci aiutano a mantenere più o meno costante la temperatura del nostro corpo quando quella ambientale varia sensibilmente: la vasodilatazione e la vasocostrizione.

Se l'organismo accumula troppo calore si difende mandando sangue in abbondanza nei vasi superficiali cutanei (ci arrossiamo tutti) e in particolare nelle aree più a punta del nostro corpo, cioè mani, piedi, testa, orecchi, naso (questo perché nelle punte la dispersione è maggiore): si ottiene così di disperdere calore all'esterno abbassando la temperatura corporea.

Quando invece si deve conservare calore si determina una vasocostrizione dei vasi cutanei e di conseguenza naso, orecchi, mani ecc. divengono pallidi e freddi. Per variazioni termiche modeste questi meccanismi sono più che sufficienti per mantenere stabile la temperatura del nostro corpo. Ma, se non bastassero, ecco intervenire altri due meccanismi in soccorso: la sudorazione, se il calore da disperdere è tanto, e il tremore quando l'organismo sta subendo una perdita di calore importante. Il sudore, per evaporare dalla superficie corporea, ha bisogno di energia che ricava sottraendo calore al corpo; il tremore (e la collegata erezione dei peli cutanei) è conseguenza invece di ripetute contratture muscolari che generano calore.

Tutto questo può sembrare un po' complicato, ma dovrebbe far capire l'importanza di lasciare libere le estremità del corpo per consentir loro di svolgere la funzione di aree primarie di termoregolazione. Insomma, cappelli, guanti o sciarpe divengono utili solo quando le variazioni termiche ambientali sono così importanti che per essere bilanciate con vasocostrizione e tremori richiederebbero un alto dispendio energetico (vedi certe giornate spazzate da un gelido vento di tramontana, o le tante ore passate sulla neve o a penzolare da fredde seggiovie!). Così come è sbagliato andare a coprire con un pesante maglione un ragazzino che corre e si scalmana dietro a un pallone perché è tutto sudato! Il suo corpo ha speso energie per produrre quel sudore, proprio allo scopo di aiutare l'organismo a ritrovare la giusta temperatura, disperdendo calore via via che evapora.

Sarà il bambino che imparerà a cogliere il momento giusto in cui la dispersione va oltre il necessario e avvertirà quindi il bisogno di ricoprirsi un po'. Se invece viene subito infagottato, non solo non impara a termoregolare bene, ma seguita a sprecare energie e sali minerali, producendo ulteriore sudore nella vana speranza di abbassare la temperatura.

I germi aggrediscono meglio un organismo poco abile nell'affrontare le variazioni termiche. In conclusione allora è facile capire perché un bambino troppo vestito e che vive in ambienti surriscaldati si ammala con più facilità di chi ha sperimentato e ben rodato le proprie capacità difensive grazie a un ambiente di vita più fresco e aerato, e a un vestiario più agile e leggero.

A questo proposito vorremmo dare un consiglio ai genitori: eliminate dal guardaroba del bambino i body e le magliette di lana. La lana è preferibile portarla esterna, come maglione, sopra una maglietta di cotone, per avere una maggior agilità nell'alleggerire il vestiario quando ci troviamo in ambienti troppo caldi (come sempre più spesso capita vivendo nelle nostre città, dove si passa da case anche troppo riscaldate a grandi magazzini a clima torrido, per poi rifinire nelle strade dove il freddo è quello previsto per la stagione: una vera schizofrenia ambientale da affrontare!). Con i riscaldamenti che abbiamo oggi è persa la positiva funzione di coibente (isolante) che aveva la lana quando le case erano fredde ed estremamente disomogenee nel riscaldamento (caminetti, stufe a legna ecc.): la pesante maglietta di lana a maniche lunghe di una volta limitava gli scambi di calore (un'azione coibente appunto) evitando all'organismo l'eccesso di calore sul torace esposto al fuoco del camino ma anche l'inevitabilmente relativo eccesso di freddo alla schiena.

Oggi il calore negli ambienti è generalmente uniforme e ben distribuito quindi la lana tenuta come ultimo strato a diretto contatto con la pelle, rischia solo di surriscaldarci e determinare solo svantaggi irritativi cutanei.

E veniamo infine al body, un capo di abbigliamento che nei più piccoli non fa che ostacolare il già difficoltoso ricambio d'aria sulla parte del corpo coperta dal pannolino di plastica, con tutti i rischi che ne conseguono di danneggiamento alla pelle di quelle zone (oltre a facilitare le infezioni anaerobie, dovute cioè a germi che vivono meglio se l'ossigenazione è scarsa, come ad esempio certi funghi della cute).

L'unica porta dalla quale possa passare aria verso i genitali è lo spazio pancia-pannolino: durante la respirazione i movimenti della pancia del bambino creano una sorta di pompa per cui quando espira, l'aria presente dentro al pannolino (surriscaldata e impoverita di ossigeno) viene spinta fuori mentre a ogni inspirazione entra aria fresca.

Il body, aderendo al corpo e seguendone i movimenti respiratori, impedisce questo rinnovarsi dell'aria; inoltre impedisce un corretto e sano apprendimento della autogestione delle variazioni termiche: in altre parole "tira su" bambini che non sapendo cosa significhi avere la pancia o la schiena scoperta rischiano di non essere capaci di affrontare queste situazioni con prontezza e abilità, in sostanza finendo quindi per essere meno abili nel difendersi.

UN'EDUCAZIONE "BODY"

Un accudimento e una educazione "body" è un modo per creare soggetti fragili, dipendenti e incapaci di quell'autonomia che fa essere adulti al momento giusto.

Troppi genitori oggi isolano il figlio in una sorta di grande body che lo allontana da ogni esperienza e conoscenza del mondo. Sono troppo intimoriti dal fatto che le esperienze possano turbarlo, farlo soffrire. Genitori che dimenticano che il loro ruolo non è di allevare figli totalmente dipendenti da loro, e quindi inabili, ma piuttosto quello di stargli a fianco mentre sperimentano la vita (pancino scoperto compreso), senza mai sostituirsi a loro, senza mai impedirgli di provare e verificare le proprie forze.

È un po' lo stesso errore del genitore che nel seguire gli studi del figlio non si limita a spronarlo, a sostenerlo, a consigliarlo, ma vedendolo stanco e patito finisce per mettersi lui a far tardi la sera per finire i tanti compiti a casa assegnati per il giorno dopo.

Solo senza tanti body protettivi, che fanno scansare esperienze, confronti, dibattiti in nome della pace familiare, del bel vivere alla giornata (il tremendo slogan *life is now*) potrà realizzarsi un figlio che un giorno sarà grande, maturo, autonomo e andrà a trovare i genitori per confortarli, raccontare, consultarli e non certo, come troppi oggi fanno, per sentirsi ancora una volta chiedere da loro se ha fame, se ha sonno, se ha freddo.

Ce la faremo a uscire da questa sorta di bodylandia?

Ma i body limitano anche le capacità esplorative e di conoscenza del proprio corpo oltre che l'autonomia nelle funzioni igieniche (soprattutto quando usati nei più grandi, costretti a ricorrere sempre all'adulto per spogliarsi). Un capo di abbigliamento, il body, che, nato per appagare l'iperprotezione degli adulti, erroneamente preoccupati di pance e schiene scoperte (come se potessero essere fonte di malattie!), bene simboleggia il più diffuso e persistente errore dei genitori di oggi: credere che tutelare la salute del bambino significhi allontanarlo da ogni difficoltà e scontro col mondo che lo circonda. Pance e schiene scoperte al massimo possono essere fonte di disagio, ma non certo di malattie. Un neonato cui si scopra la pancia forse si lamenterà e richiederà l'intervento dell'adulto; ma col tempo farà da sé, imparando a ricoprirsi (o a scoprirsi se avrà caldo!) e questo lo renderà più abile, più autonomo e più sano.

Le vaccinazioni

Nel 1778, il medico inglese Edward Jenner utilizzò con successo il pus di una vacca infetta da vaiolo per immunizzare il proprio figlio contro la malattia. Data l'origine del composto immunizzante, il virus *Vaccinia*, Jenner coniò il termine "vaccino". La metodica d'inoculazione del vaccino venne di conseguenza chiamata vaccinazione.

Oggi col nome vaccino viene indicato per estensione qualunque prodotto biologico capace d'indurre un'immunità attiva, e col nome di vaccinazione qualunque procedura usata, nell'uomo o negli animali, per indurre un'immunità attiva.

La vaccinazione si basa sull'uso di un agente infettivo, o di una sua parte, al quale sia stato tolto ogni effetto patogeno mantenendo però la completa capacità antigenica, di indurre cioè la produzione di anticorpi.

Lo scopo dell'immunizzazione attiva è quello di conferire al singolo individuo difese che durino per tutta la vita: infatti il sistema immunitario conserva la memoria degli antigeni contro cui ha già reagito, ed è quindi pronto a riattivare la produzione di quegli specifici anticorpi nel caso venga nuovamente a contatto con quell'agente patogeno. Le vaccinazioni proteggono l'individuo dalle malattie infettive inducendo una risposta immunitaria simile a quella provocata dall'infezione naturale senza però causare i sintomi e i danni della malattia.

L'immunizzazione di un singolo individuo è benefica anche per l'intera società, infatti crea nella popolazione una fitta rete di individui immuni che non solo resistono all'infezione, ma che costituiscono anche un efficiente ostacolo alla diffusione dell'agente patogeno.

Il soggetto vaccinato infatti, oltre a non ammalarsi, non viene colonizzato dall'agente patogeno; non è quindi infettante per gli altri e protegge indirettamente anche chi non è vaccinato.

Per le infezioni a serbatoio esclusivamente umano, che permangono nella collettività trasmettendosi da persona a persona, rendere immuni con la vaccinazione porzioni molto elevate della popolazione suscettibile consente di ridurre o addirittura interrompere la catena di trasmissione interumana del corrispondente agente patogeno.

I vaccini possono essere costituiti da agenti infettivi interi o da elementi del microrganismo stesso.

I vaccini costituiti dall'agente infettivo intero si possono suddividere in due grandi gruppi:

- vaccini costituiti da virus o batteri attenuati;
- vaccini costituiti da virus o batteri inattivati, cioè uccisi.

I vaccini costituiti da componenti dei microrganismi vengono suddivisi in:

- vaccini costituiti da elementi naturali del microrganismo o da sostanze da lui stesso prodotte (tossine);
- vaccini preparati con antigeni identici a quelli naturali ma ottenuti sinteticamente (spesso con le tecniche dell'ingegneria genetica).

Vantaggi, rischi ed effetti collaterali della pratica vaccinale

I fattori che hanno contribuito alla diminuzione delle malattie infettive sono diversi, in primo luogo il miglioramento delle condizioni igieniche (tra cui l'approvvigionamento capillare di acqua potabile) e dello stato nutrizionale. Le vaccinazioni hanno dato il loro contributo: hanno consentito l'eradicazione del vaiolo e, in particolare nel nostro paese, l'eliminazione della poliomielite (ultimi casi indigeni nel 1982; ufficialmente certificata l'eradicazione a livello europeo nel giugno 2002) e la quasi totale eliminazione della difterite (l'ultimo caso di difterite in età pediatrica in Italia, peraltro in una bambina non vaccinata, risale al 1991), oltre a un sensibile contenimento della morbosità di tetano (è da diversi decenni che non si registrano casi di tetano in età pediatrica o adolescenziale) ed epatite B (l'incidenza dell'epatite virale B ha subito, dal 1991 a oggi, una riduzione superiore all'80% nei gruppi di età destinatari dell'intervento vaccinale cioè 0-14 e 15-24 anni).

Studi dell'OMS hanno evidenziato che ogni anno, grazie alle vaccinazioni, vengono evitati non meno di 3 milioni di morti nei bambini d'età inferiore ai 5 anni, e almeno 400.000 casi di polio paralitica. Le vaccinazioni, allo stato attuale delle cose, risultano il mezzo più efficace per prevenire alcune specifiche malattie infettive.

Come qualunque atto medico, anche le vaccinazioni presentano però una percentuale di rischio, se pur minima (cosa che del resto, per estensione, potremmo dire che vale per qualunque atto umano). I dati scientifici attualmente disponibili mostrano che gli effetti collaterali gravi da vaccino sono sensibilmente più rari dei danni procurati dalle relative malattie. Alcuni eventi segnalati in associazione con le vaccinazioni sono così rari che è impossibile valutare la dimensione del rischio e provare l'esistenza di un effettivo rapporto di causalità con queste.

Un reale rapporto causa-effetto tra lesioni invalidanti e vaccinazioni è stato dimostrato soltanto nel caso dell'associazione tra vaccinazione antipoliomielitica orale (OPV) e polio paralitica associata a vaccino. I ceppi virali viventi presenti nel vaccino OPV possono, replicandosi nell'intestino del ricevente, andare incontro a mutazioni che fanno loro riacquistare caratteristiche di virulenza perse con l'attenuazione; per questo, con una frequenza stimata in 1 caso ogni 2.000.000 di dosi somministrate, il vaccino antipolio orale può provocare una malattia del tutto simile alla poliomielite da virus selvaggio.

In situazioni in cui la poliomielite da virus selvaggio è presente allo stato endemico, il rischio di polio paralitica da vaccino è, entro certi limiti, accettabile, in quanto il rischio di ammalarsi per un infezione da virus selvaggio è immensamente superiore a quello derivante dalla vaccinazione. In Italia, dove la polio, grazie all'OPV, è stata debellata, già dal 1999 per evitare i casi di paralisi associata alla vaccinazione si ricorre al vaccino antipoliomielitico inattivato (IPV), per il quale questo rischio non esiste.

A lungo si è fatto riferimento a un presunto rapporto tra sindrome della morte improvvisa del lattante (o SIDS, dall'inglese Sudden Infant Death Syndrome) e vaccinazione DTP (difterite-tetano-pertosse). Approfonditi studi scientifici ed epidemiologici hanno smentito con sicurezza l'esistenza di una simile eventualità: la maggior parte dei decessi per SIDS avviene nell'arco di tempo in cui abitualmente viene completato il ciclo di base della vaccinazione DTP ed è quindi per pura coincidenza temporale che, in alcuni casi, la somministrazione di una dose di DTP preceda di alcune ore o di alcuni giorni la morte improvvisa di un bambino.

Era stata fatta l'ipotesi che il vaccino MPR (morbillo-parotite-rosolia) potesse causare autismo. Le ricerche scientifiche eseguite per valutare questa ipotesi hanno invece dimostrato che lo sviluppo dell'autismo non è assolutamente correlato all'uso del vaccino MPR o di qualsiasi altro vaccino.

Ci sono molti dubbi sulla possibilità che vi possa essere un'encefalite dopo la vaccinazione contro il morbillo e comunque la sua presunta incidenza viene calcolata in 1 caso su circa 2.000.000 di dosi; l'incidenza dell'encefalite da morbillo è di 1 caso su 1000-2000 casi di morbillo: un rischio di grave complicazione con la malattia ben 1000 volte superiore a quello ipotizzato col vaccino!

È ovvio dunque che sia più conveniente correre certi rischi assai remoti perché in cambio si hanno vantaggi certi assolutamente superiori, sia come singoli individui sia come collettività. In questa valutazione di convenienza del vaccinarsi è messa in conto anche la possibilità che esistano effetti collaterali non ancora dimostrati: di fatto, i risultati dei sistemi di controllo da anni messi in atto per la vigilanza sui possibili effetti ignoti dei vaccini sono estremamente rassicuranti. In nessun campo, del resto, viene attuata un'isterica ricerca di certezza matematica, che si tradurrebbe in un terrorizzato immobilismo, senza peraltro raggiungere l'auspicata sicurezza: certo si richiede che l'automobile sia in ordine, ma una volta partiti nessuno può avere la certezza assoluta che niente si guasti. Se poi si deve fuggire da un pericolo concreto, immediato, si accetta di salire anche su un'auto non perfetta, senza per questo essere considerati degli imprudenti!

Sebbene i vaccini siano altamente sicuri, nessun vaccino è privo di eventi avversi. Come tutti i farmaci, anche i vaccini possono causare effetti indesiderati, ma questi sono, nella maggior parte dei casi, di lieve entità e transitori, consistendo per lo più in febbre e reazione infiammatoria nel punto di inoculazione (dolore, rossore e gonfiore): tali effetti collaterali il più delle volte vanno incontro a risoluzione spontanea.

Alcuni effetti avversi dei vaccini possono essere più importanti. Un esempio: i vaccini, come tutti i farmaci, possono essere, anche se molto raramente (meno di 1 caso su 1.000.000), causa di una severa reazione allergica chiamata *anafilassi*. Una dose ogni 600.000 somministrate di vaccino contro l'epatite B è complicata da una importante reazione allergica, detta reazione anafilattica. Si presenta con orticaria, dispnea e calo di pressione. Sebbene nessuno sia mai morto a causa di questo vaccino, i sintomi dell'anafilassi sono ovviamente causa di grande spavento. Ma questi timori non possono farci abbandonare questa vaccinazione trascurando il dato che l'epatite B acuta ha una letalità elevata: 500 morti ogni 10.000 casi!

Vaccinare: una scelta di cultura sociale

L'obbligo vaccinale nacque con la diffusione in Europa della vaccinazione contro il vaiolo all'inizio dell'Ottocento: risultò presto evidente che proteggendo il singolo era possibile evitare la diffusione dell'epidemia all'intera collettività ma che, per ottenere questo risultato, era necessario avere un'adesione massiccia a questa pratica di prevenzione. L'introduzione della vaccinazione come modo coercitivo e organizzato per tutelare la salute pubblica suscitava entusiasmi ma anche profonde resistenze.

Proprio la vaccinazione antivaiolosa, il primo provvedimento coattivo a essere diffuso in Europa, ad esempio, trovò una violenta opposizione in Inghilterra, patria delle dottrine liberali avverse a tutto ciò che, partendo dal potere del governo, poteva interferire sulle libere scelte dei cittadini. L'Inghilterra quindi in un primo tempo offrì la vaccinazione antivaiolosa universale e gratuita, e solo in seguito la rese obbligatoria (1840). Ma un appassionato dibattito sui limiti d'intrusione del governo nell'ambito individuale si concluse con l'abolizione dell'obbligo già nel 1898. In Italia l'obbligo di vaccinare contro il vaiolo tutti i nuovi nati è stato sospeso nel 1977 e abolito nel 1981.

Nel frattempo erano diventate obbligatorie le vaccinazioni contro la difterite (1939), la poliomielite (1966), il tetano (1968) e l'epatite B (1991). Il panorama dell'obbligatorietà vaccinale nei vari stati è molto variegato: alcuni, come Francia, Grecia, Portogallo e Belgio, hanno optato per l'obbligatorietà di alcune vaccinazioni. Altri, come Regno Unito e Finlandia, per la volontarietà, accompagnata da un'adeguata offerta, dall'incentivazione e dalla propaganda. Altri ancora, come Stati Uniti, Canada e in parte anche la Germania, hanno scelto una via intermedia: assenza di sanzioni per la mancata vaccinazione, ma necessità di certificato per l'ammissione a scuola.

Oggi la nostra politica di contrasto delle malattie infettive deve confrontarsi con una situazione scientifica, culturale e sociale radicalmente mutata rispetto al momento storico dell'istituzione dell'obbligo. Negli ultimi 30-40 anni, poi, l'introduzione progressiva di nuove vaccinazioni facoltative ha progressivamente ridotto il peso specifico dell'obbligo all'interno della profilassi vaccinale rispetto al 1960, quando tutte le vaccinazioni disponibili per i neonati erano obbligatorie; abbiamo ora l'offerta attiva di vaccinazioni contro il morbillo, la parotite, la pertosse, la rosolia, l'*Haemophilus influenzae*, la varicella, l'influenza e le infezioni da pneumococco e meningococco nonché, recentissime, il *Papilloma virus* e i *Rotavirus*.

Di fatto quasi ovunque si riesce a raggiungere con le vaccinazioni facoltative tassi di copertura paragonabili a quelli delle vaccinazioni obbligatorie. Appare per altro più ipotetica che reale l'utilità di forzare alla vaccinazione la modesta (almeno per ora) quota di popolazione renitente per motivi ideologici, cioè la possibilità di riuscire a vaccinare d'imperio chi non riusciamo a vaccinare per convinzione.

È importante sottolineare la differenza che esiste fra le vaccinazioni per malattia a *contagio interumano* (finalizzata a proteggere il singolo individuo ma anche la comunità, impedendo la diffusione della patologia) e le vaccinazioni per le malattie a *contagio non interumano* (che hanno lo scopo di tutelare unicamente la salute del singolo).

Si collocano nel primo gruppo, ad esempio, la vaccinazione antiepatite B e quella antipoliomielite, mentre è da classificare nella seconda categoria ad esempio quella per il tetano. L'obbligatorietà potrebbe ancora avere una propria ragione di essere nel caso delle vaccinazioni mirate a proteggere l'intera comunità, giustificando l'imposizione per legge nel rispetto dell'articolo 32 della Costituzione.

Occorre una medicina che sia sempre più orientata alla promozione degli interventi a favore della salute, piuttosto che a misure di carattere coercitivo e in questa ottica la responsabilizzazione del cittadino non può che rappresentare un fattore di progresso. Per quanto dunque l'obbligatorietà di vaccinare i figli si sia dimostrata in passato uno strumento estremamente efficace, oggi vi è il rischio che si viva quest'obbligo sociale come un'odiosa pratica burocratica. Non solo: distinguere fra vaccini obbligatori e non induce a ritenere che questi ultimi siano meno importanti e quindi fondamentalmente inutili.

L'obbligo vaccinale dunque è fra gli strumenti che sono stati di grande utilità alla medicina ma che ormai mostrano il segno del tempo, e occorre traghettare la politica vaccinale da un regime di obbligo a quello di un'offerta gratuita e attiva che stimoli il mantenimento dei risultati, per altro buoni, già raggiunti.

Per quanto convinti che oggi sia necessario rimuovere questa obbligatorietà di legge siamo però altrettanto convinti che si rendono urgenti ampie e fattive campagne informative non solo perché il grado di maturità culturale generale non è rassicurante, ma perché sempre più si colgono chiari segnali di *reattività ascientifica* e individualista, basata sul sentito dire o su cose lette, false o non dimostrate, che non fanno altro che alimentare l'ignoranza scientifica (rese oltretutto inconfutabili da una buona dose di diffusa arroganza generale).

Purtroppo è grave il ruolo svolto dai mass media nell'alimentare queste voci "alternative", vera zavorra per la cultura del futuro. Stanno diffondendosi abitudini vaccinali prive di ogni fondamento scientifico, e oltretutto di nessuna convenienza, se non addirittura dannose rispetto al risultato di proteggere nei tempi e nei modi più adeguati il bambino.

Un esempio è la tendenza a iniziare in ritardo le vaccinazioni perché il bambino è ritenuto "troppo piccolo" o a rinviarle in certe stagioni: i più accreditati organi scientifici internazionali raccomandano di non ritardare rispetto ai calendari di vaccinazione prestabiliti, calcolati proprio per rispondere al meglio rispetto alle caratteristiche immunitarie del bambino piccolo e ai rischi epidemiologici che corre; non indicano neppure controindicazioni alle vaccinazioni (temporanee o permanenti) di ordine stagionale, ma solo di ordine clinico, ed è il medico che esegue la vaccinazione a essere correttamente informato su quali siano.

Altra inutile pratica è quella di separare le varie vaccinazioni dilatandone la somministrazione nel tempo. Per venire incontro alla necessità di somministrare più vaccini con meno "buchi" possibili (e i bambini ringraziano!...), sono state messe a punto associazioni di vaccini da inoculare in una volta, con la stessa siringa. Oggi è disponibile anche un vaccino esavalente (con 6 vaccini: antipolio tipo Salk, antitetanica, antidifterica, antipertosse, anti-*Haemophilus influenzae*, antiepatite B) che, con una sola iniezione, consente di somministrare tutti i vaccini previsti dal calendario.

Non esiste alcun problema a somministrare contemporaneamente più di un vaccino (salvo rare eccezioni), e la somministrazione contemporanea di vaccini diversi consente di diminuire il numero delle sedute di vaccinazione e facilitare quindi l'esecuzione delle vaccinazioni stesse, riducendo al minimo le iniezioni che il bambino deve subire e senza inutili dilatazioni nei tempi necessari a offrirgli un'adeguata protezione.

Di recente sono state espresse preoccupazioni sul fatto che alcune sostanze aggiunte ai vaccini, e in particolare gli antisettici a base di mercurio (*Thimerosal*), utilizzati per garantirne una miglior conservazione, potessero essere responsabili, a lungo termine, di effetti dannosi sul sistema nervoso o su altri organi e apparati delle persone vaccinate. Gli studi clinici condotti non hanno evidenziato alcun rischio in questo senso. È accertato, invece, che il *Thimerosal* in alcuni soggetti può determinare sensibilizzazione verso altri composti mercuriali. Pur trattandosi di un rischio remoto rispetto ai vantaggi offerti dalla vaccinazione, perciò, è stato scelto di eliminare gradualmente questo componente nelle preparazioni dei vaccini.

Oltre a informare correttamente sui rischi e i benefici della pratica vaccinale, occorrerebbe anche illustrare chiaramente il senso sociale di questo intervento medico. Le vaccinazioni, infatti, sono un esempio evidente di medicina sociale: ognuno si assume un rischio minimo per evitare che la società corra rischi ben più grandi. Un esempio per tutti: ci sono genitori che rifiutano di vaccinare il figlio per non esporlo ad alcun rischio vaccinale. Ma il vero "non rischio", per questo bambino, viene dal fatto che tutti gli altri si sono vaccinati, assumendosi civilmente la loro quota infinitesimamente piccola di rischio e hanno così impedito la diffusione della malattia: in caso di epidemia, probabilmente questi genitori sarebbero i primi a vaccinare il figlio.

In sintesi, dunque, la nostra è una difesa delle vaccinazioni e della loro logica sociale. Ma vorremmo però introdurre un aspetto critico spesso sottovalutato, anche dai detrattori delle pratiche vaccinali: l'inserimento di alcune recenti vaccinazioni nel calendario vaccinale ha comportato certamente un importante impegno economico da parte dagli enti pubblici.

Senza assolutamente mettere in dubbio l'efficacia e la sicurezza di questi nuovi vaccini, perché chiari e incontrovertibili dati scientifici lo confermano, ci domandiamo se in una valutazione costi/benefici fatta ad ampio raggio, valutando con attenzione tutta la realtà sociale dell'infanzia, non sarebbe stato più opportuno destinare quelle somme a interventi ugualmente protettivi e probabilmente prioritari (vedi ad esempio l'incremento degli asili nido).

Certo questo problema non si presenterebbe se fossimo così ricchi da poter agire in ogni campo e senza dover quindi sacrificare alcun intervento: ma quando i soldi mancano (o, come si dice, "la coperta è corta") rischiamo, per coprire i "piedi" del bambino con le vaccinazioni di lasciar scoperta la "testa", priva di asili nido. E probabilmente la scelta non avviene sulla base di priorità oggettive ma sulla capacità di tirare di più la coperta... e le aziende produttrici di vaccini hanno certamente più forza delle famiglie e dei loro figli.

Il calendario delle vaccinazioni

Per calendario delle vaccinazioni s'intende la successione cronologica con cui vanno effettuate le vaccinazioni dei bambini, sia obbligatorie che raccomandate, fino all'adolescenza.

Il Piano Nazionale Vaccinazioni 2010-2012 varato dal Ministero della Sanità Italiano definisce il nuovo calendario delle vaccinazioni obbligatorie e raccomandate. Per uniformare il calendario su tutto il territorio nazionale ed evitare inutili e ingiuste disparità fra abitanti di regioni diverse, il piano vaccinale viene inserito nei LEA (Livelli Essenziali di Assistenza, cui le singole Aziende sanitarie di tutta Italia devono attenersi).

Oggi sono nove i vaccini inseriti nei LEA: quelli contro difterite, tetano, poliomielite, epatite B (i quattro su cui vige ancora l'obbligo vaccinale), pertosse acellulare, *Haemophilus influenzae b* (disponibili anche in un'unica formulazione combinata, esavalente), morbillo, rosolia, parotite (disponibili come vaccino combinato, trivalente).

A questi si aggiungono il vaccino contro l'influenza per specifici gruppi a rischio e quello contro l'HPV (Human Papilloma Virus) per le preadolescenti nel 12° anno di vita. Il calendario vaccinale vede poi l'inserimento di tre nuovi vaccini: quello antipneumococcico coniugato (PCV), l'antimeningococco C coniugato e l'antivaricella.

Si è stabilito il principio del diritto alla prevenzione vaccinale presentando un calendario che accomuna, senza fare distinzione, vaccinazioni obbligatorie e facoltative, dimostrando che fra loro non esistono differenze d'interesse preventivo né, tanto meno, d'importanza intrinseca.

È stato previsto che il calendario delle vaccinazioni venga aggiornato periodicamente in relazione al mutare della situazione epidemiologica delle malattie bersaglio, alla definizione di obiettivi operativi in sede nazionale o europea, e alla disponibilità di nuovi vaccini.

CALENDARIO DELLE VACCINAZIONI DELL'INFANZIA

Vaccino	Nascita	3° mese	5° mese	6° mese
DTPa		DTPa	DTPa	
IPV		IPV	IPV	
HBV	HBV[3]	HBV	HBV	
Hib		Hib	Hib	
MPR				
PCV[5]		PCV	PCV	
Men C				
HPV				
Varicella				
Influenza				

Legenda

DTPa vaccino antidifto-tetanico-pertossico acellulare
dTpa vaccino antidifto-tetanico-pertossico acellulare per adolescenti e adulti
IPV vaccino antipolio inattivato
HBV vaccino antiepatite B
Hib vaccino contro le infezioni invasive da *Haemophilus influenzae b*
MPR vaccino antimorbillo-parotite-rosolia
PCV vaccino antipneumococcico coniugato
Men C vaccino antimeningococco C coniugato
HPV vaccino antipapilloma virus

Interpretazioni delle età di offerta del calendario

- 3° mese si intende dal compimento del 61° giorno di vita
- 5-6 anni si intende dal 4° compleanno ai 6 anni (5 anni e 364 giorni)
- 12° anno si intende da 11 anni e 1 giorno fino al 12° compleanno

Note

[1] Dopo il compimento dei 6 anni è necessario utilizzare la formulazione con vaccino antidifto-tetanico-pertussico acellulare di tipo adolescenziale-adulto (dTpa).

[2] I successivi richiami verranno eseguiti ogni 10 anni.

[3] Per i bambini nati da madri positive per HBsAg: somministrare entro le prime 12-24 ore di vita, contemporaneamente alle immunoglobuline specifiche antiepatite B, la prima dose di vaccino anti-HBV; il ciclo andrà completato con una seconda dose a distanza di 4 settimane dalla prima, con una terza dose dopo il compimento della 8ª settimana e con la quarta dose in un periodo compreso tra l'11° e il 12° mese di vita, anche in concomitanza con le altre vaccinazioni.

11° mese	13° mese	15° mese	5-6 anni	12° anno	12-14 anni
DTPa			DTPa[1]		dTpa[2]
IPV			IPV		
HBV					
Hib					
	MPR		MPR		MPR[4]
PCV					
	Men C[6]				Men C[6]
				HPV[7]	
	Varicella (1ª dose)		Varicella (2ª dose)		Varicella[8]
Influenza[9]					

[4] In riferimento ai focolai epidemici in corso, si ritiene opportuno, oltre al recupero dei soggetti suscettibili in questa fascia d'età (catch up) anche una ricerca attiva e immunizzazione dei soggetti non vaccinati (mop up).

[5] La scheda vaccinale a 3 dosi (2+1) si riferisce al vaccino PCV13 (e prima al PCV7). Laddove si utilizzi il vaccino PCV10, per assicurare una protezione ottimale si raccomanda una schedula di immunizzazione primaria a quattro dosi (3+1), con un intervallo di almeno 1 mese tra le prime tre dosi (3°-5°-7° mese di vita) + una dose di richiamo almeno 6 mesi dopo la terza dose e, preferibilmente, tra i 12 e i 15 mesi di età.

[6] Dose singola.

[7] Per il sesso femminile, nel corso del 12° anno di vita, seguendo una scheda a 3 dosi. Vaccino bivalente (contro i genotipi 16 e 18 di HPV): 0, 1 e 6 mesi; vaccino quadrivalente (contro i genotipi 6, 11, 16 e 18 di HPV): 0, 2 e 6 mesi.

[8] Nei soggetti anamnesticamente negativi e non precedentemente vaccinati è prevista la somministrazione di due dosi a distanza di 1 mese l'una dall'altra. Ai soggetti anamnesticamente negativi per varicella e per almeno una infezione tra morbillo, parotite e rosolia, somministrare contemporaneamente il vaccino MPR o, se possibile, il solo vaccino MPRV.

[9] Gruppi a rischio secondo le indicazioni contenute nella Circolare del Ministero della Salute emanata ogni anno.

Bibliografia essenziale

Anolli L., *Fondamenti di psicologia della comunicazione,* il Mulino, Bologna, n.e. 2012.

Benedetti G., *Mamma che denti!,* La Mandragora, Firenze, 2011.

Camaioni L., *L'infanzia,* il Mulino, Bologna, 1997.

Camaioni L., Di Blasio P., *Psicologia dello sviluppo,* il Mulino, Bologna, 2007.

Dehaene S., *I neuroni della lettura,* Cortina, Milano, 2009.

Fonzi A. (a cura di), *Cooperare e competere tra bambini,* Giunti, Firenze, 2003.

Fonzi A., Negro Sancipriano E., *Il mondo magico del bambino,* Einaudi, Torino, 1979.

Montagu A., *Il tatto,* Garzanti, Milano 1975.

Oliverio A., *Introduzione alle neuroscienze,* Laterza, Bari, 2008.

Sarti P., *Neonati maleducati,* Giunti, Firenze, 2009.

Sarti P., *Facciamola finita!,* La Mandragora, Firenze, 2011.

Sarti P., Sparnacci G., *Manuale di sanità per le comunità educative,* La Nuova Italia, Firenze, 1984.

Sarti P., Sparnacci G., *Gravidanza e puericultura,* Giunti, Firenze, 2006.

Si segnala inoltre il sito *www.uppa.it* collegato al bimestrale per i genitori, scritto e diffuso dai pediatri, «Un pediatra per amico».

Indice